Immer mit Karls Ruhe

… und dem
Karlsruher Geschichtenerzähler
Manfred Bögle

Mit Illustrationen von Libuše Schmidt

© Karlsruher Haus der Erzählkunst
wirkstatt e.V.
Steinstraße 23
76133 Karlsruhe, Baden
1. Auflage 2018

Illustrationen: Libuse Schmidt
Satz und Layout: Uli Seibold
Druck: LaserLine

ISBN 978-3-00059-501-1

Inhalt

Immer mit Karls Ruhe!	5
Karlsruher INSPIRIN	7
Karlsruher Wahl-Empfehlung	9
Karlsruher Fragen nach der Kunst	12
Karlsruher Wetter-Vorhersage	14
Karlsruher Punkt-Sieg	16
Karlsruher Ehren-Rettung	20
Baden-Württembergischer Bindestrich	23
Karlsruher Griechen	26
Badische Venus-Hügel	31
Freiburger Erfolgs-Geheimnis	33
Aalener Anleihe	34
Baden-Württembergische Liebe	37
Karlsruher Wechsel-Spiel	39
Karlsruher Entwaffnung	40
Baden-Württemberg-Wein	41
Badische Kehr-Woche	43
Badischer Bund	45
Karlsruher System-Theorie	48
Karlsruher Spitz-Bube	53
Karlsruher Variante	54
Höllische Erkenntnis	58
Karlsruher Dach-Gesellschaft	60
Weimarer Faustschlag	64
Karlsruher Zeitungs-Ente	65
Karlsruher Nachhaltigkeits-Nachweis	67

Karlsruher Hochzeit	69
Karlsruher Rand-Erscheinung	71
Karlsruher Hold	72
Karlsruher Hylas	74
Karlsruher Loch	77
Karlsruher Mephisto	80
Karlsruher Rettungsschirm	83
Karlsruher Platz-Halter	84
Karlsruher Schönheits-Wettbewerb	88
Karlsruher Seufzer-Brücke	90
Karlsruher „Spielvereinigung Hirschbrücke"	91
Schweizer Höhen und Tiefen	96
Karlsruher Friedens-Gleichung	97
Karlsruher Unschuld	98
Karlsruher Ursprungs-Mythen	100
Karlsruher Wahl-Ergebnis	102
Karlsruher Werbe-Strategie	104
Stuttgarter Rache	107
Er spinnt…	109
Europäisches Rückgrat	110
Baden-Württembergische Roh-Diamanten	112
Badischer Mittelweg	117
Karlsruher 1-Prozent-Lösung	119
Karlsruher Richtlinie	120
Trommer Herzens-Angelegenheit	121
Karlsruher Basislager	123
Von ganzem Herzen: Danke!	126

Immer mit Karls Ruhe!

Liebe Leserin und lieber Leser,

als ich am 1. Januar 1972 im jugendlichen Alter von 23 Jahren über die bisherigen Lebensstationen Freiburg, Aachen und München nach Karlsruhe kam, war nicht abzusehen, dass mir diese Stadt eines Tages zur „zweiten Heimat" werden würde – viel zu neugierig war ich auf die Welt, um mich schon früh fest zu binden. Doch der „genius loci", der Geist des Ortes, war stark... zu stark... und irgendwann war es dann für eine Flucht zu spät: Karlsruhe hatte mein Herz erobert, heimlich, still und leise.

Zunächst fand ich als Verlagsassistent bei C. F. Müller eine neue berufliche Herausforderung, gründete 1975 eine Fachbuchhandlung für Gesellschaftsrecht und 1978 die wirkstatt, das Karlsruher Forum für Erlebenskunst, mit dem ich inzwischen seit 40 Jahren verbunden bin. Über die wirkstatt lernte ich meine Frau Ingrid kennen; wenig später traten unsere Kinder Johannes und Rosa auf den Plan. Ich hatte also allen Grund, zu bleiben...

Nach und nach erfuhr ich die Wirkung von „Karls Ruhe" als besondere Lebensqualität. In der Ruhe liegt die Kraft, weiß schon der Volksmund. „Ruhe zieht das Leben an" formulierte es der Schweizer Dichter Gottfried Keller einmal sinngemäß. War es dieses Ruheversprechen, das den Karlsruher Stadtgründer Karl Wilhelm von Baden-Durlach im Jahr 1715 bewog, einen Ruhesitz im nahegelegenen Hardtwald zu errichten? Man erzählt, Karl Wilhelm hatte einen Traum... einen Traum, der bei den Feinfühligen auch heute noch „innere Beben" erzeugt.

„Karls Ruhe" ist mir eine unerschöpfliche Quelle der Inspiration. Ob am „Nullpunkt" der Stadt im Schlossturm, am Wasserbecken der beiden Najadenbrunnen auf dem Schlossplatz oder in den einladenden

Karlsruher Grünanlagen – überall finde ich in der Stadt Plätze, die den rastlosen Geist immer zur Besinnung bringen und die mich einladen, die Welt auch einmal mit anderen Augen wahrzunehmen. Dabei ist mir der „Kaspar-Hauser-Blick" ein liebgewonnener Begleiter. Und dieser Blick ist: so zu schauen, als ob man etwas zum ersten Male sieht und sich über alles zu wundern, was man vorfindet. Es ist dies der Blick des unschuldigen Kindes – und des Narren!

Immer wieder kehre ich an den Ausgangspunkt dieses Blickes zurück. Was es „in aller Ruhe" nicht alles zu entdecken gibt! Da reicht eine so geschichts- und geschichtenträchtige Stadt wie Karlsruhe allein nicht aus. Und so bin ich mit meinen Erzählungen nicht nur in der alten Residenzstadt unterwegs, sondern darüber hinaus in ganz Baden, in der Schweiz, in Europa und in der Welt, ja einmal sogar in der Hölle! Damit mir dort und anderswo nichts anbrennt, orientiere ich mich so gut ich es kann am 11. Gebot der Geschichtenerzähler: „Du sollst aus schlechten Geschichten gute Geschichten machen". Was nachfolgend noch zu beweisen wäre…

Die Ressource „Karls Ruhe" lässt sich immer wieder auffrischen. Spazieren Sie beispielsweise im Geiste oder besser noch per pedes über einen der 32 Radialstrahlen, die vom Karlsruher Schlossturm aus in alle Welt führen. Lassen Sie Ihrer Phantasie freien Lauf und reisen Sie auf den Karlsruher Sonnenstrahlen nach Venedig, Moskau, Kopenhagen, um nur einige Beispiele zu nennen. Wenn Sie diese Strahlen konsequent zu Ende denken, kommen Sie unweigerlich irgendwo an ein Meer. Wenn Sie dann gerade Lust haben, ein neues Leben zu beginnen ohne sich von Ihrer Lieblingsstadt ganz lösen zu müssen, dann machen Sie sich am Endpunkt des betreffenden Karlsruher Sonnenstrahls mit einem Strandcafé „Fidelitas" selbstständig. Ich verspreche Ihnen: Sie werden viel Besuch bekommen – und Sie werden Karlsruhe immer an der langen Leine haben; Karlsruhe allerdings auch Sie…

Von Herzen,
Ihr Karlsruher Geschichtenerzähler Manfred Bögle

Karlsruher INSPIRIN

Am 17. Juni 1715 gründete Karl Wilhelm von Baden-Durlach die Stadt Karlsruhe. Wie kam der Markgraf auf die fabelhafte Idee einer Stadtgründung mitten im Wald? Er hatte einen Traum! Er war inspiriert! Und so hat es in den vergangenen 303 Jahren noch andere inspirierende Ideen gegeben, die Karlsruhe unverwechselbar gemacht haben. In schöner Gemeinschaftsarbeit von Karl-Apotheke, Kräuterschule „Kräuterweisheiten", Kulturverein wirkstatt und Karlsruher Geschichtenerzähler wurde nun ein Mittel entwickelt, das als eine der Grundlagen von Inspiration gelten darf und als solches segensreiche Wirkungen entfaltet: das Karlsruher INSPIRIN.

Beim Karlsruher INSPIRIN handelt es sich um eine in dieser Zusammenstellung einzigartige Zwei-Komponenten-Kräutermischung auf stofflicher und geistiger Grundlage. Erst durch das Zusammenspiel dieser beiden Komponenten in der Darreichungsform einer Teemischung entfaltet das Karlsruher INSPIRIN seine volle Wirkung. Die Kräuter und ihre Qualitäten sind:

Rosmarin – steht für „Feuer der Begeisterung"
Ginkgo – entfaltet pulsierende Lebenskraft
Johanniskraut – entwickelt „Sonne für die Seele"
Weißdorn – lässt mit den „Augen des Herzens" sehen
Pfefferminze – ist ermunternde Konzentrationshilfe

Zubereitung: Geben Sie etwas Karlsruher INSPIRIN (eine Prise genügt!) in eine große Tasse und gießen Sie es mit heißem Wasser auf. Lassen Sie den Tee etwa 5 Minuten ziehen, suchen Sie sich einen Platz an dem Sie sich spürbar wohl fühlen und setzten Sie sich mit geschlossenen Augen in die Karlsruher Sonne (die scheint immer, auch wenn sich mal der Himmel wolkenverhangen zeigt). Umschließen Sie die Tasse mit beiden Händen und spüren Sie die wohlige Wärme, die sich jetzt unter Ihren Händen entfaltet. Lassen Sie die Wärme in Ihren Körper einziehen. Versuchen Sie, innerlich ganz leer zu werden. Drängen sich störende Gedanken auf, nehmen Sie diese einfach zur Kenntnis und lassen Sie die Gedanken geradewegs weiterziehen wie Wolken am Himmel. Achten Sie auf Ihren Atem, ohne ihn in irgendeiner Weise beeinflussen zu wollen, „lassen Sie sich atmen" – Ihr Körper weiß ganz genau, was er jetzt braucht. In der Entspannung angekommen, stellen Sie sich nun ein Bild vor, denken Sie an das Meer, an einen weiten Strand – und nach einer Weile, ganz ohne Ihr Zutun, wird sich eine tiefe innere Ruhe einstellen. Wenn sich jetzt langsam aber sicher ein Gefühl von innerer Verbundenheit und Zuneigung zu allem Lebendigen entwickelt, sind Sie so gut wie angekommen. Sie müssen jetzt nur noch den Tee trinken, am besten in kleinen Schlücken. Lassen Sie dabei das Gefühl der Freude zu.

Fühlen Sie sich jetzt inspiriert? Dann auf an die Arbeit...

Fühlen Sie sich noch nicht inspiriert? Wiederholen Sie das Ritual, verstärken Sie es vor der Teezubereitung durch einen Spaziergang. Suchen Sie dabei das Wasser auf, zum Beispiel einen der zahlreichen Karlsruher Brunnen. Oder fahren Sie mit dem Fahrrad ganz gezielt durch einen Karlsruher Stadtteil, der Ihnen wenig bekannt ist, wollen Sie dabei nichts, lassen Sie sich einfach überraschen, was Sie vorfinden. Trinken Sie weiter Tee und warten Sie einfach ab, machen Sie sich keine Sorgen. Wenn Sie sich etwas von ganzem Herzen wünschen, kommt die Inspiration für die Verwirklichung Ihrer Träume von ganz alleine. Halten Sie sich in der Zwischenzeit einfach an die alte Volksweisheit:

Abwarten und Tee trinken!

Karlsruher Wahl-Empfehlung

Was ist „Glück"? Auf diese Frage gibt es viele Antworten, zum Beispiel auch diese: Glück ist es, Mitglied einer glücklichen Gemeinschaft von Bürgerinnen und Bürgern zu sein. Deshalb war es eine schöne Idee der Gemeinde Schömberg im Nordschwarzwald, den Ort als Deutschlands erste und einzige Glücksgemeinde auszurufen. Angelehnt an das „Glücksland" Bhutan, zu dem man freundschaftliche Beziehungen unterhält, wurde ein eigenes Glückskonzept entwickelt und jährlich stattfindende „Glückswochen" ins Leben gerufen.

Der Karlsruher Geschichtenerzähler erkennt neidlos an, dass Schömberg die erste Glücksgemeinde Deutschlands ist. Aber ist sie auch die einzige? Der Erzähler kennt auf jeden Fall noch eine weitere Glückskommune: Karlsruhe! Denn jetzt mal ganz ehrlich, liebe Bürgerinnen und Bürger dieser Stadt: wir können doch alle die wir hier leben „von Glück sagen", dass Markgraf Karl Wilhelm von Baden-Durlach einst einem Traum Glauben schenkte und an jener Stelle, an der er im Hardtwald einschlief und erfrischt wieder erwachte, ein Schloss baute, das Ausgangspunkt der Stadt Karlsruhe werden sollte!

Der Karlsruher Geschichtenerzähler wird jedenfalls die Idee einer Kampagne „Glücksstadt Karlsruhe" an die Karlsruhe Event GmbH weiterleiten und abwarten was passiert… Am Geld, weiß er, kann eine solche Kampagne nicht scheitern. Denn es braucht für die Akzeptanz in der Bevölkerung lediglich ein paar gute Geschichten. Gute Geschichten können Lawinenwirkung haben, in diesem speziellen Fall also Glückslawinenwirkung!

Nehmen wir zum Beispiel die Geschichte von „Herkules im Kampf mit dem Drachen". Alle, die den Karlsruher Schlossplatz kennen, haben die Skulptur, des Karlsruher Hofbildhauers Ignaz Lengelacher an der Südwestecke des Platzes schon einmal gesehen. Sie zeigt einen keulenschwingenden Herkules, der sich des Drachen Ladon entledigt, um an die von dem Drachen bewachten goldenen Äpfel der Hesperiden zu gelangen. Herkules beziehungsweise Herakles macht, wie die griechische Sage erzählt, mit Ladon kurzen Prozess und erschlägt ihn mit der Keule.

Eine Mord-Darstellung in unmittelbarer Nähe des Bundeserverfassungsgerichts – das ist in der „Residenz des Rechts" keine gute Geschichte; denken wir doch nur an die vielen Kinder, die Schloss und Schlossplatz besuchen und die eigentlich etwas anderes lernen sollten, als zu erfahren, wie man einen Drachen umbringt. Einen Drachen darf man nicht töten, gibt der Karlsruher Geschichtenerzähler zu bedenken. Der Drache steht als Symbol für die dionysische Erdkraft, die wir genauso benötigen wie die apollinische Geistesgegenwart. Die Aufgabe besteht darin, den Drachen zu bezwingen, damit er uns mit seinen Kräften dient. Oder wie die Chinesen sagen: „Man muss den Drachen reiten!"

Wie wird nun aus dieser schlechten Geschichte auf dem Schlossplatz noch eine gute? Der Karlsruher Geschichtenerzähler benötigt dazu lediglich einen kleinen roten Ball. Den setzt er dem Drachen auf die Nasenspitze – und schon sieht es so aus, als ob Herkules und Ladon miteinander Golf spielen! Man beachte jetzt die völlig veränderten Gesichtszüge des Drachen! Was zuvor Angst war ist nun Begeisterung! Und es war ein kleiner roter Ball, der die Situation vollständig veränderte…

Nun ist auch spannend zu erfahren, wohin der kleine rote Ball fliegt, wenn ihn Herkules von Ladons Schnauzenspitze wegschlägt. Der Schlag geht vom Schlossplatz weg Richtung Marktplatz und ist so meisterhaft berechnet, dass er – man glaubt es oder man glaubt es nicht – exakt im Rathaus in ein Loch fällt – genauer gesagt: ins Haushaltsloch der Stadt Karlsruhe!

Dort ist der Ball natürlich genau richtig, denn eben dieses Loch gilt es zu stopfen! Wenn es gestopft wird, dann gibt es in der ganzen Stadt Glücksgefühle! Und schon sind wir wieder bei der Idee mit der Glückslawine. Die funktioniert in diesem Fall wie folgt: Die erste, die das gestopfte Haushaltsloch im Rathaus entdeckt, ist die für Finanzen zuständige 1. Bürgermeisterin Gabriele Luczak-Schwarz. Die gibt die gute Nachricht sofort an den Chef weiter, an Oberbürgermeister Dr. Frank Mentrup. Der kann sein Glück kaum fassen und informiert unverzüglich den Gemeinderat und die Rathaus-Pressestelle. Von dort geht eine Eilmeldung an die Badischen Neuesten Nachrichten und am folgenden Tag ist die Sache Stadtgespräch, wenn's gut läuft am Abend noch ein „heute-extra"…. Und führen wir uns nochmals vor Augen, dass am Anfang der Glückslawine nur ein kleiner roter Ball stand.

Der Karlsruher Geschichtenerzähler ist überzeugt: nach diesem Muster können noch weitere Glückslawinen losgetreten werden und den Ruf der Stadt Karlsruhe als Glücks-Stadt in die ganze Welt hinaus tragen. Wem würde diese schöne Aufgabe zufallen? Natürlich dem Oberbürgermeister der Stadt, Lawinenangelegenheiten sind immer Chefsache! Im Jahr 2020 steht die nächste Oberbürgermeisterwahl an. Da gibt es quer durch die Parteien jede Menge Talente, die hervorragend Geschichten erzählen können!

Aber wenn so viele Bewerber gut Geschichten erzählen können: nach welchem Kriterium soll man dann die genau richtige Person finden? Der Karlsruher Geschichtenerzähler nimmt sich alle Narrenfreiheit, die ihm die Residenz des Rechts garantiert und gibt hiermit folgende Wahl-Empfehlung: Wer die schönsten Glückslawinen lostreten kann: den nehmen wir….

Karlsruher Fragen nach der Kunst

Es ist noch gar nicht lange her, da hieß der PINGUIN einfach nur GUIN. Der liebe Gott hatte dieses Tier schon bei der Schöpfung mit ganz außerordentlichen Gaben bedacht, zum Beispiel mit der Fähigkeit, wie ein Mensch aufrecht auf zwei Beinen gehen zu können. Entsprechend erfolgreich zeigte er sich in der weiteren Entwicklung. Eine bis zu 3 cm dicke Fettschicht und eine Art „Wärmetauscher" in den Flossen und Beinen sorgen dafür, dass sich der GUIN selbst an extreme klimatische Bedingungen anpassen kann. Bei Bedarf verschließt der GUIN seine Ohren vollkommen wasserdicht. Seine Tauchgänge können bis zu 18 Minuten dauern und er macht Sprünge in Höhen bis zu 1,80 Metern!

Auch ist der GUIN erstaunlich treu. Bei Gelbaugenpinguinen halten 12 Prozent der Partnerschaften länger als 7 Jahre – was im Tierreich ausgesprochen selten ist. Darüber hinaus sind GUINE ausgesprochen gesellig. In Einzelfällen hat man schon Gruppen mit über 5 Millionen Tieren gezählt! Da Männchen und Weibchen sehr ähnlich aussehen und eine Ansammlung von mehreren Millionen Tieren doch irgendwann sehr unübersichtlich wird, hat der schlaue GUIN irgendwann eine Erfindung gemacht: den PIN! Und seit jeder GUIN eine persönliche Identitäts-Nummer hat, findet er nach seinen wassersportlichen Ausflügen auch in größten Populationen traumtänzerisch sicher zu seiner Familie zurück.

Die Erfindung des PIN hat die Menschheit so beeindruckt, dass sie die Idee übernahm, was in der Folge die gesamte Sicherungstechnik revolutionierte. Und aus Dankbarkeit dem eigentlichen Erfinder gegenüber wurde der GUIN zum PINGUIN ernannt. So heißt er heute noch, dank der Geschichtenerzähler, die nicht müde werden, diese schöne Geschichte immer wieder zu erzählen. Und dass der PIN der GUINE eine gute Geschichte ist, zeigt der Umstand, dass es bis auf den heutigen Tag auch nicht einem einzigen Menschen gelungen ist, den PIN der GUINE zu knacken! Vielleicht gehören deshalb die Pinguine zu den ausgesprochenen Publikumslieblingen, die natürlich auch in Karlsruhe nicht fehlen. Im Zoologischen Stadtgarten haben rund 30 Magellan- und Humboldtpinguine seit vielen Jahren eine zweite badische Heimat gefunden.

Inzwischen hat das Karlsruher Künstler-Paar Georg „Schorsch" Schweitzer und Nadja Stemmer das große Kreativ-Potenzial des Pinguins erkannt und ihn als „Leitfigur" einer Plastik verewigt, die anlässlich der „Märchenhaften Weihnachtsstadt Karlsruhe" auf dem Karlsruher Friedrichsplatz zu bestaunen war. Es handelt sich hierbei um die 1b-Mannschaft der Bremer Stadtmusikanten: Elefant, Zebra, Schwein – und obenauf als „Krone" dieser Schöpfung ein Pinguin, von der Größe her müsste es ein Zwergpinguin sein. Heute steht die formschöne Plastik im Freibad Rüppurr im Eingangsbereich direkt neben den Frauen-Umkleidekabinen.

Die Sache ist äußerst delikat, wie der Karlsruher Geschichtenerzähler zu bedenken gibt. Elefant, Zebra und sogar das Schwein schielen ungeniert in Richtung Frauen-Umkleidekabinen! Das ist nicht „anständig frech" wie es der Karlsruher Geschichtenerzähler immer wieder als Lebensmaxime ausgibt – das ist einfach nur frech und kein bisschen anständig! Bleibt die Überlegung, warum der Pinguin aus dem tadelnswerten Verhalten der anderen drei Mannschaftkollegen ausschert und zur Seite schaut. Ist er ein Gentleman? Oder (vielleicht schlimmer) ein Ignorant? Oder hat er einfach nur seinen PIN vergessen und kann deshalb an nichts anderes mehr denken?

Mit diesen Fragen beginnt die Erzähl-Kunst. Und die Küste von Neu-Sehland....

Karlsruher Wetter-Vorhersage

Die Frage, wie denn das Wetter morgen wird, ist so etwas wie eine unendliche Geschichte. Nur zu oft kommt es vor, dass wir die Vorhersage der Meteorologen gerade „so" überhaupt nicht brauchen können!

Zur Behebung dieses unangenehmen Grundgefühls sollte uns jedes Mittel recht sein, auch die Anrufung eines Wettergottes bzw. einer Wettergöttin. Nun gibt es da aber ein Problem. Eine erste Recherche des Karlsruher Geschichtenerzählers in den sozialen Netzwerken erbrachte Hinweise auf mehr als 2 Dutzend Personen oder Geistwesen, die den Titel des Wettergottes bzw. der Wettergöttin für sich in Anspruch nehmen: von Quetzalcoatl (Azteken), Thor (Germanen), Zeus (Griechen) bis hin zu Tempestas (Römer) und Hadad (Semiten) spannt sich der Bogen von Iris, der griechischen Göttin des Regenbogens. Und wo ist Petrus? Der spielt in einer anderen Liga....

Dass sich von diesen Göttinnen und Göttern niemand so recht durchgesetzt hat, dürfte daran liegen, dass wir bislang mit keinem von ihnen so richtig glücklich geworden und wir nach wie vor auf der Suche nach jemanden sind, der die ganze Bandbreite des Themas „Wetter" zufriedenstellend darstellen könnte – bei Regen und bei Sonnenschein, in „guten" wie in „schlechten" Zeiten, damit wir nicht jeden Tag schon am frühen Morgen das ungute Gefühl haben, dem Wetter wieder einmal erbarmungslos ausgeliefert zu sein.

Der Karlsruher Geschichtenerzähler schlägt deshalb vor, dass wir bei der Firma HOCHTIEF AG in Essen vorstellig werden und bei der Konzernleitung nachfragen, ob sie den Ehrentitel eines Wettergottes übernehmen würde. Die Vorteile liegen für HOCHTIEF auf der Hand: der Konzern könnte sich mit so einem Titel in der breiten Bevölkerung weiter profilieren. Bei einem Jahresumsatz von knapp 20 Milliarden Euro dürften auch schon mal die Kosten eines natürlich denkbaren Versicherungsfalles (z.B. Gedankenblitzeinschlag) verkraftbar sein – der einzige Schadensfall der überhaupt infrage käme, da mit HOCH und TIEF ja alles von vornherein feststeht, was mit Wetter zu tun hat – und niemand könnte mehr über die Vorhersage wettern….

Bleibt die Frage, wer uns die Brücke nach Essen schlägt. Vorschlag des Erzählers: wir bitten unsere verdienstvolle ehemalige Regierungspräsidentin Gerlinde Hämmerle, abgesichert durch verwandtschaftliche Beziehungen vor Ort (Schwester), die schöne Aufgabe anzunehmen, die HOCHTIEF AG positiv auf die Idee der Wettergott-Patenschaft einzustimmen. Das Zeug dazu hat sie,
also Gerlinde Hämmerle, übernehmen Sie…

Karlsruher Punkt-Sieg

Viel spricht dafür, in Karlsruhe zu leben und zu arbeiten – man muss es den Menschen nur immer wieder „Punkt für Punkt" klarmachen. Da ist viel zu erzählen, denn in Karlsruhe gibt es Punkte, die sind einzigartig auf der Welt! Da es noch keine offizielle „Punkte-Sammlung" der Stadt gibt, sei die folgende Aufstellung eine erste Anregung für die noch zu schließende Lücke und der Geschichtenerzähler wäre dann gewissermaßen der Stadt erster Punkte-Lieferant.

Der Karlsruher Null-Punkt
Der „Karlsruher Null-Punkt" liegt mitten im Schlossturm und bildet zusammen mit den 32 Radialstrahlen das ursprüngliche Sonnensymbol der Stadt, von dem die Fächerstraßen bekanntlich nur ein Teil sind. Wer wissen möchte, was eine Vision ist und wie man sie umsetzt: hier am Karlsruher „Null-Punkt" kann man es erfahren und hier kann man sich am besten an unserem Stadtgründer Markgraf Karl Wilhelm orientieren, der von diesem Punkt aus die Stadt Karlsruhe „erfunden" hat.

Der Karlsruher Tief-Punkt
bezeichnet den tiefsten Punkt der Stadt und liegt mit einer „Höhe" von genau 100 Metern über dem Meeresspiegel direkt vor der Einfahrt zum Ölhafen. Es ist dies ein sehr schöner weitläufiger Platz unmittelbar am Rhein, wo man dem „Strom der Zeit" nachspüren und auf den vorbeifahrenden Schiffen die wunderbarsten Phantasiereisen machen kann – mit dem Strom und vor allem „gegen den Strom" – da kommt man ja irgendwann mal zur Quelle und entdeckt dabei das

Geheimnis der Tiefe. So gesehen ist der Karlsruher Tief-Punkt ein richtiger Kraftplatz! Leider ist er bei der Karlsruher Bevölkerung wenig bekannt. Das wird sich ändern, wenn sich erst einmal genügend Anhänger für den „Karlsruher 100-Meter-Lauf" finden: dieser führt vom Turmberg, dem Karlsruher Höhepunkt, über mehrere Schleifen und schließlich der Alb entlang bis zur tiefsten Stelle der Stadt bei 100 Höhenmetern – bis dahin sind es etwa 11 Kilometer. Der „Karlsruher 100-Meter-Lauf" über 11 Kilometer ist weltweit einzigartig und verspricht ein viel umjubelter Höhepunkt im Karlsruher Sportjahr zu werden.

Der Karlsruher Schwer-Punkt

Diesen gewichtigen Punkt findet man in der Fritz-Meier-Halle am Durlacher Lenzenhubweg und er wird durch die Gewichtheberinnen und Gewichtheber des KSV Durlach repräsentiert. Der Verein zeigt immer wieder großartige Leistungen und hat sich einen festen Platz in der Gewichtheber-Bundesliga gesichert. Die starken Frauen und Männer des KSV zeigen uns an jedem Kampftag, wie man Spaß daran haben kann, sich Schweres vorzunehmen und die Hantel „auf den Schwer-Punkt" zu bringen: und der ist ganz oben!

Der Karlsruher Schluss-Punkt

liegt unmittelbar vor dem Karl-Friedrich-Denkmal am Schlossplatz. Dort, ziemlich genau auf Höhe der Rosenbeete, ist mit Karlsruhe Schluss und man begibt sich auf Hoheitsgebiet des Landes Baden-Württemberg. Ein echter Grenzwert also, den es so nur in Karlsruhe gibt. Man muss lediglich auf dem Kiesboden einen Punkt definieren – den „Karlsruher Schluss-Punkt" – und schon ist ein heilsames Ritual möglich: Kontrahenten, die sich vielleicht noch Stunden zuvor in einem der nahegelegenen Gerichte erbittert gestritten haben, können sich über dem Karlsruher Schluss-Punkt die Hände reichen und über eine symbolische Geste demonstrieren, dass sie bereit sind, hinter die strittige Angelegenheit einen Schlusspunkt zu setzen und sie damit auch vom Herzen her zu bereinigen. Wenn im Winter Schnee liegt kann man dieses Ritual noch verstärken, indem man in einem kleinen Handwagen den „Schnee von gestern" hinter den Karlsruher Schluss-Punkt auf den Schlossplatz fährt – und aus diesem Schnee gemeinsam einen Schneemann errichtet. Beherzt gebaut, schmilzt er innerhalb kürzester Zeit!

Der Karlsruher Halte-Punkt
ist immer der oder die Nächste! Man muss diesen Gedanken nur nachhaltig unter die Leute bringen und ihnen vermitteln, dass sie sich ja selbst vielleicht einmal in einer Notlage befinden und diesen Halt in Anspruch nehmen müssen. Gestützt werden könnte die Verbreitung dieses Gedankens durch die Karlsruher Verkehrsbetriebe, die ihre Haltepunkt-Ansage um einen kleinen Zusatz erweitert: „Nächster Haltepunkt: Marktplatz – und wenn Sie sich gerade in einer schwierigen Situation befinden, halten Sie sich bitte an Ihren direkten Nachbarn!"

Der Karlsruher G-Punkt
befindet sich am nördlichen Ende der Karlstraße und ist die Staatliche Münze. Der klassizistische Weinbrenner-Bau ist eine der kleinsten Münzstätten Deutschlands und bildet seit 1998 mit der Münze Stuttgart die Staatliche Münzen Baden-Württemberg. Bekannt wurde die Karlsruher Münze durch die erste Prägung einer Zehnguldenmünze im Jahr 1827 und durch einen Münzskandal in den 70er Jahren des vergangenen Jahrhunderts, in dessen Mittelpunkt falsche 50-Pfennig-Stücke standen. Heute gibt es in Karlsruhe keine „falschen Fuffziger" mehr und wir sind stolz auf „unsere" Münze. In ihr werden jährlich bis zu 250 Millionen Münzen mit dem Buchstaben

„G" geprägt, hier ist also der „Karlsruher G-Punkt". Ein Schuft, wer sich beim „Karlsruher G-Punkt" was anderes denkt!

Die Karlsruher Punkte-Sammlung
Wie es der Karlsruher Fußballfangemeinde nach einem Bundesliga-Spieltag geht, hängt ganz davon ab, wie sich die Punkte-Sammlung auf dem Punkte-Konto des KSC entwickelt. Leider kann man dieses „Konto" nicht sehen und so wäre es doch angebracht, auf dem Gelände des Wildparkstadions eine große Säule aus Plexiglas zu errichten, in der die KSC-Punkte gesammelt werden – und zwar in Form von Fußbällen. 1 erzielter Punkt (Unentschieden) – 1 Fußball, 3 erzielte Punkte (Sieg) – 3 Fußbälle. Das ergibt bei fleißigem Tore schießen eine stattliche Säulenhöhe! Die „Karlsruher Punkte-Sammlung" hat das Zeug, der Foto-Shooting-Platz der Stadt zu werden – jeder Stadionbesucher wird sich hier fotografieren lassen wollen!. Möglicherweise sind die anreisenden Gegner des KSC beim Anblick der „Karlsruher Punkte-Sammlung" ja auch bereits so entmutigt, dass sie die Punkte gleich freiwillig abgeben. So gewinnt man nicht nur Spiele sondern auch die Herzen des Publikums!

Natürlich gibt es auch missgünstige Menschen, die uns die vielen Punkte, die für Karlsruhe sprechen, neiden. Diese Leute sagen dann abwertend, Karlsruhe sei auf der Weltkarte ja eigentlich nur ein Punkt und glauben, uns so mit den eigenen Waffen schlagen zu können.

„Das stimmt natürlich", hält der Karlsruher Geschichtenerzähler dagegen, „Karlsruhe ist wie jeder andere Ort der Welt zunächst nur ein Punkt auf der Landkarte.

Aber was für einer!"

Karlsruher Ehren-Rettung

Am 1. April 2013 wurde in dem einst selbstständigen Durlach der 75 Jahre zuvor erfolgten Eingemeindung nach Karlsruhe gedacht. Kein einfacher Termin, der da ins Haus stand: die Eingemeindung war nicht freiwillig, sondern gegen das Votum der Durlacher Bevölkerung von den Nationalsozialisten erzwungen. Kein Wunder also, dass in Durlach wenig Begeisterung für ein Fest zum 75. Jahrestag der Eingemeindung aufkommen wollte.

Der stets auf eine gute Lösung bedachte Karlsruher Geschichtenerzähler schlug deshalb vor, im „Ereignisjahr" nicht nur die unseligen Umstände der Eingemeindung zu fokussieren, sondern das ganze 75jährige Zusammenleben von „Mutter" und „Tochter" anzusprechen. So schlecht, glaubte er, kann es Durlach nicht gegangen sein, wenn man sich das Wohlergehen der ehemaligen Residenzstadt Seit' an Seit' mit Karlsruhe einmal aus höherer Warte anschaut.

Diese höhere Warte, den Durlacher Turmberg, besuchte der Karlsruher Geschichtenerzähler am Sonntag, den 15. Januar 2012, um sich auf den Jahrestag der Eingemeindung im Folgejahr vorzubereiten.

Von der 277 Meter hoch gelegenen Besichtigungsebene bot sich ihm ein herrlicher Blick über weite Teile des Karlsruher Stadtgebietes. Aus der Vogelperspektive lagen „Mutter" und „Tochter" an diesem sonnigen Tag still und friedlich nebeneinander. Dem Karlsruher Geschichtenerzähler wurde bei diesem Bild ganz warm ums Herz und er sah es als gutes Vorzeichen für eine versöhnlich verlaufende badische Familienfeier im kommenden Jahr. Zufällig fiel sein Blick auch auf den Flaggenmast mit der badischen Fahne – und er wollte seinen Augen nicht trauen! Entsetzt wich er zurück und stürzte

Hals über Kopf die Treppen des Turms hinunter ins Freie. Was ihn so in Panik versetzte war eine zerfetzte badische Fahne, die das beunruhigende Gefühl bei ihm auslöste, mitten in eine kriegerische Auseinandersetzung hineingezogen worden zu sein. Das einzige, was er in diesem Moment noch denken konnte, war: „Bloß nicht schon wieder badische Revolution...."

Obwohl sein rationales Denkvermögen schon bald wieder zurückkehrte, blieb dem Erzähler doch die schreckliche Vorstellung, dass er soeben eine nur schwer zu verzeihende Tat begangen hatte: Er war vor der badischen Fahne geflüchtet. Das war Fahnen-Flucht, badische Fahnen-Flucht! Da gab es nur eins: Er musste dafür Verantwortung übernehmen und versuchen, das nun einmal Geschehene wieder gutzumachen!

Zum Glück erinnerte er sich an das 11. Gebot der Geschichtenerzähler: „Du sollst aus schlechten Geschichten gute Geschichten machen". Und fasste noch auf dem Rückweg einen entsprechenden Entschluss: Er würde schon am folgenden Tag den Karlsruher Oberbürgermeister Heinz Fenrich anrufen und ihn bitten, die Sache mit der zerfetzten Fahne auf dem Turmberg persönlich in die Hand zu nehmen. Gleichzeitig würde er den OB bitten, nach Durlach in die „Alte Schmiede" zu kommen, um mit ihm einmal grundsätzlich über das sensible Datum 1. April 2013 zu sprechen. Das gemütliche badische Restaurant im Herzen der Durlacher Altstadt erschien dem Geschichtenerzähler als der geeignete Ort, heiße Eisen anzufassen.

In der „Alten Schmiede" würde der Karlsruher Geschichtenerzähler seinem Oberbürgermeister auch die Idee vorstellen, den Bürgerinnen und Bürgern von Durlach im Erinnerungsjahr der Eingemeindung ein besonderes Geschenk zu machen: die Durlacher Kurve. Die „Durlacher Kurve" ist jener Gleisbogen, der südlich vom Durlacher Bahnhof beginnt und der die aus Norden herankommenden Züge in westliche Richtung zum Karlsruher Hauptbahnhof lenkt. Begründung für die außergewöhnliche Zuwendung: Durlach wurde von Karlsruhe nicht immer gut behandelt: 1715 zog Markgraf Karl Wilhelm von Baden-Durlach beleidigt nach Westen in den Hardtwald und verlegte seinen Regierungssitz in das von ihm gegründete Karlsruhe. Mehrere Versuche der Durlacher, diese Entscheidung rückgängig zu machen, blieben erfolglos. Dann kam 1938 auch noch die erzwungene Eingemeindung...

„Aber jetzt mal ehrlich, liebe Durlacher", gibt der Karlsruher Geschichtenerzähler zu bedenken: „Ihr habt doch immer wieder auch gute Erfahrungen mit Karlsruhe gemacht und bei aller Kränkung doch auch immer wieder zu Karlsruhe ‚die Kurve gekriegt'. Was für eine wunderbare Ressource, die euch da auch für alle andere Herausforderungen des Lebens zur Verfügung steht!" Die „Durlacher Kurve" zwischen Durlach und Karlsruhe könnte symbolisch an diese Ressource erinnern, um die man Durlach künftig beneiden wird. Viele Besucher würden kommen, die ebenfalls die Kurve kriegen wollen. Und Durlacher Kurventechniker könnten ihnen dabei helfen!

Am Ende wurde alles gut. Bereits wenige Tage später wurde, ohne größeres Aufsehen zu erregen, die zerrissene Fahne ausgetauscht. Wieder einmal hatte Durlach „die Kurve gekriegt"!

Der Karlsruher Geschichtenerzähler geht den Dingen gerne auf den Grund. Deshalb war es ihm wichtig, herauszufinden, wer die badische Fahne auf dem Turmberg so sehr in Mitleidenschaft gezogen hatte. Inzwischen glaubt er den „Täter" zu kennen: Es war der Westwind. Der Wind aus Karlsruhe. Die Liebe von Karlsruhe zu Baden-Durlach, die Liebe der Tochter zur Mutter ist stürmisch!

Ehren-Rettung für den Täter:

wenn die Liebe stürmisch ist, dann ist sie auch lebendig...

Baden-Württembergischer Bindestrich

Wem gehört eigentlich der Bindestrich von Baden-Württemberg? Gehört er zu Baden? Oder zu Württemberg? Führt er als „Grenzwert" vielleicht ein Eigenleben? Leider hat sich bislang niemand um diese Fragen gekümmert; auch bei der Landesregierung in Stuttgart fand sich bislang kein Ansprechpartner, der auf sie eine befriedigende Antwort hätte geben können.

Man mag über diese Fragen lächeln – aber zum Lachen sind sie ganz und gar nicht! Dieser Bindestrich hält ja symbolisch unsere beiden Landesteile zusammen! Auf die Bindung kommt es an! Ohne richtige Bindung finden wir kein Lebensglück, das ist vielfältig belegt. So weist die in der psychologischen Forschung fest verankerte Bindungstheorie von John Bowbly und Mary Ainsworth eindrücklich nach, dass enge, von intensiven Gefühlen getragene Beziehungen für unser Zusammenleben von großer Bedeutung sind. Ein Kind muss „sicher gebunden" sein, um im Leben Selbstvertrauen, Frustrations-Toleranz, Respekt und Empathiefähigkeit entwickeln zu können – Werte, die unsere seelische und körperliche Gesundheit gewährleisten. Baden-Württemberg ist auch ein Kind, ein „Kind des 20. Jahrhunderts". Der Karlsruher Geschichtenerzähler hat deshalb die Bindungstheorie erweitert und will sie auch auf die Beziehungen zwischen Baden und Württemberg angewendet wissen.

Der „Karlsruher Bindungs-Theorie" zufolge symbolisiert der Bindestrich im Ländernamen die Notwendigkeit einer „sicheren Bindung" zwischen den beiden Landesteilen. Nur mit einer „sicheren Bindung" werden wir gut und einvernehmlich miteinander auskommen. Deshalb ist der Bindestrich von Baden-Württemberg ein wertvolles Gut, das es zu bewahren und zu verteidigen gilt. Bis zur abschließenden Klärung der Frage, wie hoheitsrechtlich mit dem baden-württembergischen Bindestrich zu verfahren ist und auch aus Sorge darüber, dass jemand dumme Sachen mit ihm anstellt, hat der Karlsruher Geschichtenerzähler den „Bindestrich" erst einmal kassiert und unter Verschluss genommen. Er rückt den baden-württembergischen Bindestrich auch erst dann wieder heraus, wenn ihm die Landesregierung verspricht, selbst ein Auge auf ihn zu haben und er ins „Haus der Geschichte" nach Stuttgart kommt!

Bis dahin verleiht der Karlsruher Erzähler und der mit ihm verbundene Kulturverein wirkstatt den baden-württembergischen Bindestrich jedoch symbolisch an Personen, Vereine oder Kommunen, die sich vorbildlich für gutnachbarliche Beziehungen zwischen Badenern und Württembergern einsetzen. Erstmals wurde die Auszeichnung im Jahr 2007 an die schwäbische Stadt Backnang verliehen.

Von 1070 bis um 1300 war Backnang badisch und für fünf Generationen wurde das Augustiner-Chorstift zur Grabgelege der Markgrafen von Baden.

Die besondere Verbundenheit der Stadt Backnang mit Baden war Ende Juli 2007 Anlass für ein „Badisches Markgrafenfest". Am 18./19.7.2009 fand das Fest zum 2. Mal statt und wieder konnte der baden-württembergische Bindestrich vergeben werden – dieses Mal an die badische Stadt Offenburg.

Stellvertretend für die Stadt nahm Oberbürgermeisterin Edith Schreiner die Auszeichnung – eine Formschöpfung der Karlsruher Tonkünstlerin Sabine Classen – bei der Eröffnungsfeier im Backnanger Stiftshof entgegen. Die badische Stadt hält als Patin die schützende Hand über das Badische Markgrafenfest im Herzen Württembergs, Baden-Württembergische Verständigung die gelingt, weil sie von Herzen kommt!

Der baden-württembergische „Bindestrich" hat nun in den Rathäusern von Backnang und Offenburg seinen guten Platz und vielleicht ja auch irgendwann einmal in der baden-württembergischen Geschichte. Jedenfalls wird man sich hier im Land die schöne Geschichte gerne erzählen, wie aus einem scheinbar unbedeutenden „Etwas", einem Bindestrich, ein lebendiges Symbol für die Freundschaft zwischen Badenern und Württembergern wurde. Womit wieder einmal gezeigt werden konnte, dass ALLES einen Wert hat, wenn man ihm Sinn gibt – man muss nur genau hinschauen.

Und immer wieder auch mal dazwischen!

Karlsruher Griechen

Um das Geschehen in Karlsruhe besser verstehen zu können, empfiehlt sich immer wieder einmal auch ein Blick über den „Tellerrand" der Stadt. An den Rändern gibt es oft die erstaunlichsten Dinge zu beobachten, wie der Karlsruher Geschichtenerzähler einmal mehr im benachbarten Maximiliansau feststellen konnte. Dort, am Ortsausgang Richtung Hagenbach, stand im Jahr 2011 ein rund 6 Meter langes und 5 Meter hohes Trojanisches Pferd. Bei dem hölzernen Pferd handelte es sich um eine pfiffige Idee der Maximiliansauer Faschingsgruppe Bajazzo/Gockelburg. Der „Trojaner" hatte beim Faschingsumzug in Herxheim mit großem Vorsprung das Rennen gemacht und den 1. Preis gewonnen. Nun sollte er an seinem neuen Standort zu einem „Werbeträger" für Maximiliansau werden.

Es war nicht allein das besondere Datum der Berichterstattung in den BNN (30. April/1. Mai -Walpurgisnacht!) das den Karlsruher Geschichtenerzähler nachdenklich stimmte. War das, was er da las, wirklich die ganze Wahrheit? Sind doch die Pfälzer ebensolche phantasiebegabten Geschichtenerzähler wie ihre Kollegen auf der anderen Rheinseite! Und sie „können gut" mit den Griechen!

Vieles erinnert auch heute noch in der Pfalz an die Zeit, in der das Land bayrisch regiert wurde (von 1816 bis zum Ende des Zweiten Weltkriegs) – auch Maximiliansau ist ein Beispiel dafür; im Ortsnamen wird der bayrische König Maximilian II gewürdigt. Und seit Otto von Wittelsbach im Jahr 1832 Griechenlands erster König wurde, gehören nicht nur die Bayern sondern auch die Griechen zur Pfälzer Großfamilie, auf jeden Fall zum engeren Freundeskreis. Könnte es also sein, fragte sich der Karlsruher Erzähler weiter, dass sich die Griechen von den Pfälzer Freunden einen „närrischen" Freundschaftsdienst erbeten haben? Um endlich einmal auch positive Schlagzeilen zu machen nach all den vielen negativen im Zusammenhang mit der Schuldenkrise des Landes?

Bekanntlich haben die Griechen eine Vorliebe für „großes Theater". Dafür müssen wir ihnen dankbar sein, denn unser heutiges Theaterspiel entwickelte sich aus dem Theater der griechischen Antike. Wäre es da nicht denkbar, dass da ein paar geschichts- und geschichten-begeisterte Griechen wieder einmal „große Geschichte" schreiben wollten – durch eine Neuinszenierung des Trojanischen Krieges?

Über diesen Krieg lesen wir in der Wikipedia, der freien Enzyklopädie: „Der Trojanische Krieg war ein zentrales Ereignis der griechischen Mythologie. Auslöser war die Entführung der schönen Helena, Gattin des Menelaos, durch Paris, den Sohn des trojanischen Königs. Daraufhin zogen die vereinten Griechen gegen Troja, um die Schmach zu rächen. Trotz zehnjähriger Belagerung gelang es jedoch nicht, die stark befestigte Stadt zu erobern. Auf Rat ihres Anführers Odysseus bauten die Griechen endlich ein großes hölzernes Pferd, in dem sich die tapfersten Krieger versteckten und täuschten die Abfahrt ihrer Schiffe vor. Die Trojaner holten entgegen den Warnungen der Kassandra und des Priesters Laokoon das Pferd in die Stadt. In der Nacht kletterten die Griechen aus ihrem Versteck, öffneten die Tore und konnten so die Trojaner überwältigen".

Ein solches Trojanisches Pferd stand also nun unmittelbar vor den Toren der Stadt Karlsruhe! Schwebte die Stadt jetzt in großer Gefahr? Stand sie als neues Troja auf dem Spielplan? Diese beunruhigenden Gedanken gingen dem Erzähler durch den Kopf als er nach Maximiliansau aufbrach, um sich selbst ein Bild von dem aktuellen Gefahrenherd zu machen. Dort wurden seine schlimmsten Befürchtungen bestätigt: das Pferd stand in nordöstlicher Richtung und blickt in verlängerter Linie über den Rhein direkt auf die Karlsruher Raffinerien. Unglaublich raffiniert, diese Griechen! Das Schlimmste aber: Der Bauch des Pferdes war leer! Die Griechen waren fort! Wo waren sie jetzt? Für den Karlsruher Geschichtenerzähler reimte sich nun das eine zum andern: Als die Griechen merkten, dass sich die Karlsruher in keinster Weise belagert fühlten und auch keine Anstalten machte, das Pferd in der Stadt aufzunehmen, änderten sie kurzfristig ihre Strategie und sickerten nach und nach über die Rheinbrücke nach Karlsruhe ein. Ihr Trojanisches Pferd ließen sie den handwerklich genialen Narren in Maximiliansau als Dankeschön für den pfälzisch-griechischen Freundschaftsdienst zurück.

Nach diesen Erkenntnissen gab es für den Geschichtenerzähler kein Halten mehr. Umgehend recherchierte er den Anteil der Griechen an der Karlsruher Bevölkerung. Ergebnis: Laut Statistischem Jahrbuch lebten in Karlsruhe 809 Griechen, darunter 77 Kinder. Ganz legal und offiziell gemeldet! Niemand sollte auch nur einen Hauch von Verdacht schöpfen. Raffiniert diese Griechen, wirklich raffiniert!

Glücklicherweise fand der Geschichtenerzähler schnell wieder zu Karls Ruhe zurück und sieht inzwischen die Situation völlig gelassen. So schön die Idee auch ist, einen antiken Mythos spielerisch neu darzustellen: im aufgeklärten Karlsruhe funktioniert so ein Mords-Spektakel einfach nicht. Und vor trojanischen Pferden hat man sowieso keine Bange – diese werden, so sie denn in der Stadt auftauchen, einfach kulturell überformt. Dieses Schicksal ereilte zum Beispiel den Gaul vor dem Badischen Staatstheater. Im Jahr 1974 wurde er als Trojanisches Pferd von seinem Schöpfer, dem Künstler Jürgen Goertz, für den Innenraum des Theaters konzipiert. Und wo endete das Pferd? An der frischen Luft – als zahmer Musengaul! Auch muss man aus Karlsruhe keine Helena zurückerobern, nicht einmal aus der Helena-Apotheke in der Waldstadt. Die historische Dramaturgie findet in Karlsruhe also keinerlei Angriffsfläche. Und überhaupt: in Karlsruhe, Residenz des Rechts, gibt es aus der Vergangenheit keine größeren „offenen Rechnungen" mehr, den Fall Kaspar Hauser vielleicht einmal ausgenommen.

Da waren die Griechen diesmal also ausnahmsweise einmal schlecht von ihren Regisseuren beraten, in Karlsruhe Trojanischen Krieg zu spielen. Das Entsetzen unter den eingesickerten Griechen muss dann wohl auch groß gewesen sein, vermutet der Karlsruher Geschichtenerzähler, zumal auch ihr Anführer Odysseus irgendwann einfach abtauchte; das gleichnamige Lokal in Durlach heißt inzwischen „Mykonos". Was aber tun, wenn kein Stratege mehr da ist, der schnell und reibungslos einen geordneten Rückzug organisieren könnte? Hektische Bewegungen im Bereich der Rheinbrücke würden sehr schnell die Berichterstatter der badischen Zeitung aus Karlsruhe auf den Plan rufen. Nie und nimmer kämen 809 Griechen im Pulk unbeobachtet über den großen Strom. Man bedenke doch: bei nur EINER Rheinbrücke!

Unterschätzen wir aber die Griechen nicht. Sie waren bereits in alten Zeiten schlau und sie sind es bis auf den heutigen Tag. Sie werden vermutlich das Beste aus der Situation machen – und auf Dauer in Karlsruhe bleiben und manchmal mit einem leisen Lächeln über den Rhein an den Ortsrand von Maximiliansau blicken …

Wieder einmal ist eine Geschichte gut ausgegangen. Und der Karlsruher Geschichtenerzähler fasst noch einmal zusammen: Was den Bau einer zweiten Rheinbrücke angeht, kann man durchaus unterschiedlicher Meinung sein. Aber dass in Karlsruhe inzwischen mehr als 800 Griechen leben, mehr als 800 Griechen …

… die uns täglich mit ihrer Lebensfreude begeistern

… die hier ihre Tavernen betreiben, in denen es vielleicht schon bald den berühmten griechischen Vorspeisenteller mit dem einmaligen „Karlsruher Tellerrand" gibt,

... die an unserem Kulturleben teilhaben und mit berechtigtem Stolz auf die Vorleistungen ihrer Vorfahren zurückschauen können

... und die hier die wundervollen Sagen und Geschichten ihres Landes weitererzählen und damit der Nachwelt erhalten ...

das ist für die Stadt Karlsruhe – und für die Griechen – nun wirklich eine wunderbare Lösung. Der größte Dank dieser Geschichte gebührt aber den Pfälzer Freunden von der Faschingsgruppe „Bajazzo/Gockelburg". Sie halten uns stets eine alte Erzählerweisheit vor Augen:

„Wenn Narren etwas richtig in die Hand nehmen
wird immer etwas richtig Großes daraus!"

Badische Venus-Hügel

Auf die Quellen angesprochen, aus denen er seine Ideen schöpft, gibt der Karlsruher Geschichtenerzähler immer wieder die gleiche Antwort, dass er „ein von der Venus geküsster Geschichtenerzähler" sei. Geboren und aufgewachsen ist er in Freiburg-St. Georgen, nicht weit entfernt vom Gewann „Venusberg", von dem eine merk-würdige Sage erzählt wird:

Einst lebte ein frecher Ritter auf der Schneeburg am Schönberg, dem St. Georgener Hausberg. Er war landauf, landab gefürchtet und wenn er nicht irgendwann eine liebende Frau gefunden hätte, wäre es sicher schlecht mit ihm ausgegangen. So aber ließ er sich von seiner Frau auf den Pfad der Tugend führen und entschloss sich eine Lebensbeichte abzulegen. Der Pfarrer von St. Georgen sah sich aber außerstande, ihm die Absolution zu erteilen und verwies ihn an den Bischof. Doch auch diesem war das Sündenregister des reuigen Ritters zu groß und er schickte ihn zum Kardinal. Diesem war aber bereits schon zugetragen worden um welch großen Sünder es hier ging, und er gab dem Ritter den Rat, nach Rom zum Heiligen Vater zu pilgern um dort Vergebung durch die Beichte zu erbitten.

Bereitwillig nahm der einstmals freche Ritter die Herausforderung an, nahm den Wanderstab in die Hand und machte sich auf den Weg nach Rom. Dort angekommen, erhielt er auch gleich eine Audienz beim Papst, der ihn sich geduldig anhörte und nach langem Schweigen schließlich antwortete: „Mein lieber Ritter! Ich kann Dich nicht von Deinen Sünden freisprechen, zu frech war dein bisheriger Lebenswandel. Eher wachsen rote Rosen aus einem dürren Strauch, als dass du Vergebung im Himmel findest!"

Tief betrübt machte sich der Ritter auf den Weg zurück in seine Heimat. Kurz bevor er die Schneeburg erreichte, kam er an einer Höhle vorbei aus der berauschende Musik zu ihm drang. Neugierig betrat er die Höhle – und sie schloss sich hinter ihm.

Die Suche nach dem Ritter verlief ergebnislos, er war und blieb verschwunden.

Doch nach 10 Jahren wuchsen in Rom rote Rosen an einem dürren Strauch. Der Papst erinnerte sich an den Pilger von der Schneeburg am Schönberg und schickte einen Boten mit der wundersamen Nachricht an die Frau des Ritters, die zu keiner Zeit den Glauben an eine Seelenrettung ihres Mannes verloren hatte. Sie lief den Weg hinunter nach St. Georgen und entdeckte die Höhle, die nun offen stand.

Hier endet die Geschichte, so wie sie sich als Sage erhalten hat und wie sie seit Generationen weitererzählt wird. Aber ist es, so wie sie endet, schon eine gute Geschichte?

Der Karlsruher Geschichtenerzähler verneint und führt die Geschichte weiter – getreu dem 11. Gebot der Geschichtenerzähler „Du sollst aus einer schlechten Geschichte eine gute Geschichte machen!" Und das hört sich dann so an:

Der Ritter tritt aus der Höhle und fällt seiner Frau um den Hals: „Wie bin ich froh, dass du niemals gezweifelt und immer an mich geglaubt hast! Und ich möchte dir etwas sagen: 10 lange Jahre lang hatte ich Zeit, darüber nachzudenken, wie ich mein Leben sinnvoll weiterführen müsste. Und du weißt ja: Ich war immer nur frech. Zukünftig aber will ich nur noch ‚anständig frech' sein."

„Anständig frech" das Leben führen! Das ist die Lösung

nicht nur für den Ritter von der Schneeburg, meint der Karlsruher Geschichtenerzähler – auch für uns! Anständig allein ist langweilig, frech allein unsozial – erst die Kombination macht Sinn…

Stammt diese Erkenntnis aus der Venusgrotte? Denn um eine solche muss es sich gehandelt haben, damals, am Venusberg, am Schönberg in St. Georgen. Jedenfalls hat sich der Karlsruher Geschichtenerzähler dort von der Venus küssen lassen.

Was Konsequenzen nach sich zog, später, in Karlsruhe, seiner „zweiten Heimat". Dort hatte er schon immer die Idee, der Stadt einen Venusberg zu „schenken". In einem Leserbrief an die Badischen Neuesten Nachrichten votierte er dafür, dass man den „Mount Klotz" – den durch den Aushub der Europahalle 1983 entstandenen Erdhügel in der Günther-Klotz-Anlage – doch besser „Venushügel" nennen sollte. Denn nirgendwo könnte man seiner Meinung nach die Venus als Abendstern und auch als Morgenstern besser beobachten als gerade von diesem Hügel aus.

Es verging keine Woche, und eine Leserin meldete sich ebenfalls per Leserbrief zu Wort und stellte süffisant die Frage „ob der Bögle denn nicht wisse, was bei den Frauen der Venushügel sei". Natürlich weiß das der Bögle! Aber der Bögle ist sich auch sicher, dass die Stadtgründung im Jahr 1715 durch Markgraf Karl Wilhelm von Baden-Durlach eine Art „Liebesdienst" war und dass der tief gründende Eros der Stadt nicht verloren geht, solange er vielfältig und lebendig bleibt.

Jedenfalls ist die Geschichte vom badischen Venushügel nun „in der Welt" und man darf auf die öffentliche Reaktion gespannt sein. Es ist aber jetzt schon zu erwarten, wie die vorliegende Geschichte beurteilt werden wird: nämlich als

„anständig frech".

Freiburger Erfolgs-Geheimnis

Zäh ringen

Aalener Anleihe

Am 25. Mai 2014 wählte die Karlsruher Bürgerschaft einen neuen Gemeinderat. Die Auszählung der Stimmen erbrachte eine Überraschung: Alle angetretenen Parteien und Wählervereinigungen schafften den Sprung ins Karlsruher Stadtparlament, darunter erstmals auch eine Spaß-Partei, die u.a. Baby-Einhörner im Hardtwald aussetzen wollte und den Bau eines aufblasbaren KSC-Stadions für sinnvoll hielt. „Jetzt kommt Farbe ins Spiel", dachte sich der Karlsruher Geschichtenerzähler. Aus mehr Vielfalt mehr Leben machen – das erscheint ihm ein reizvolles Ziel der Gemeinderatsarbeit in den kommenden Jahren. Dieses Ziel erreicht man jedoch nur durch erhöhte Achtsamkeit und durch eine gut funktionierende Diskussions- und Streitkultur.

Auf der Suche nach einem grundlegenden Orientierungsrahmen einer solchen Kultur ist der Karlsruher Geschichtenerzähler im Osten von Baden-Württemberg fündig geworden: in Aalen! „Am Anfang Aalen": das ist seiner Meinung nach mehr als nur ein schönes Wortspiel. Denn in der alten Römerstadt mit dem Autokennzeichen AA findet der ernsthaft nach guter Verständigung Suchende eine Kombi-Lösung, die Diskussionen befruchtet und das Streiten zu einem gemeinsamen Erfolgserlebnis macht.

Die erste Komponente dieser Kombi-Lösung ist das Ringen. In Aalen ist das Ringen gewissermaßen zuhause, die Stadt ist seit Jahrzehnten eine Ringer-Hochburg. Bereits 9 mal wurde der KSV Aalen Deutscher Meister und die „Ostalbbären" zählen damit zu den erfolgreichsten Ringerstaffeln des Landes. Was aber im Zusammenhang mit einer guten Gesprächs- und Streitkultur von besonderer Bedeutung ist: Ringen hat neben einer sportlichen Ebene auch einen hohen Symbolwert! In der persönlichen Begegnung immer Sportsgeist zeigen, sich entschieden mit dem Kontrahenten auseinandersetzen und ohne dabei zu verletzen, auch nicht mit Worten, sich stets an die vereinbarten Regeln halten und sich nach dem Kampf mit Handschlag „bis zum nächsten Mal" verabschieden – so kann das „Ringen auf der Matte" gut auch auf das „Ringen in einem Rathaussaal" übertragen werden.

Die zweite Komponente der Aalener Kombi-Lösung ist die Ehrlichkeit. Ihr hoher Stellenwert findet sich am Alten Aalener Rathaus bei der Rathausuhr. Dort hat der „Spion von Aalen" seinen Ehrenplatz gefunden. Um ihn ranken sich viele Geschichten, hier die Fassung, wie sie von den Aalenern selbst mit Stolz erzählt wird:

»Als Aalen noch zu den freien Reichsstädten zählte, war der Kaiser über die Stadt sehr erzürnt, weil sie es gewagt hatte, sich ihm zu widersetzen. Schon war er mit einem Heer bis Schwäbisch Gmünd herangerückt, um der Befolgung seiner Befehle mit Waffengewalt Nachdruck zu verleihen. Die Bürger von Aalen waren darüber sehr erschrocken, denn einerseits bestand kein Zweifel, dass es der Kaiser ernst meinte, andererseits war die Stadtmauer nicht gerade in bestem Zustand. Man hielt Rat, was zu tun sei und beschloss, einen Mitbürger zur Erkundung des feindlichen Lagers auszuschicken.

Für diesen Auftrag konnte natürlich nur der Schlaueste in Frage kommen, den man, stadtbekannt wie er war, auch bald gefunden hatte. So zog also der Spion mutig nach Schwäbisch Gmünd. Unbemerkt von den kaiserlichen Wachtposten konnte sich der Aalener Bürger in das feindliche Lager einschleichen und erkannte sofort den Kaiser inmitten seiner Ritter. Er zog seinen Hut und sagte treuherzig: „Grüß Gott, Ihr Herra!" Der Kaiser konnte sich nicht entsinnen, wo er diesen Mann einmal gesehen hatte. Er fragte ihn, wer er sei und woher er komme. „Ich bin der Spion von Aalen", erwiderte dieser. Der Kaiser und sein Gefolge waren zuerst recht verblüfft über die Offenheit des Aalener Kundschafters.

Der Kaiser hatte jedoch Sinn für Humor und führte den wackeren Aalener, der seinen Auftrag auf so originelle Weise ausgeführt hatte, durch das Lager. Hier wurde er festlich bewirtet. Der Kaiser beschenkte den Spion reichlich und teilte den Aalenern in einem Brief mit, dass er mit solch tapferen und klugen Leuten gern in Frieden leben und den Stadtvätern verzeihen wolle. Darüber war in Aalen große Freude, und der mutige Mitbürger, fortan „Aalener Spion" genannt, wurde hoch geachtet."

Aus Dankbarkeit setzte man dem „Aalener Spion" auf dem Alten Rathausturm ein Denkmal. Seitdem wacht er, die Pfeife rauchend, jahraus und jahrein über die Stadt Aalen und über den zweiten Teil der Aalener Kombi-Lösung: die Ehrlichkeit. Die Aalener Kombi-Lösung der erfolgreichen Gesprächs- und Streitkultur ist also das
„Ehrlich miteinander ringen"

Der Karlsruher Geschichtenerzähler hat eine Vision: Wir schreiben das Jahr 2019, der Karlsruher Gemeinderat ist zu seiner letzten Sitzung zusammengekommen und der vorsitzende Oberbürgermeister Dr. Frank Mentrup fasst die Erfahrungen aus 5 Jahren „neue Vielfalt und Lebendigkeit im Karlsruher Gemeinderat" zusammen:

„Die unterschiedlichen Höhen, Breiten und Tiefen der Ansichten über die bestmögliche Weiterentwicklung unserer lebens- und liebenswerten Stadt in den vergangenen 5 Jahren stellte die heute hier Versammelten immer wieder vor besondere Herausforderungen. Und es brauchte auch Durchhaltevermögen, zu einem für Alle zufrieden stellenden Ergebnis zu kommen. Aber wir zeigten immer guten Willen, ehrlich miteinander um eine gute Lösung zu ringen. Am Anfang war Aalen. Und jetzt, am Ende, ist es ein Stück zukunftsweisende Karlsruher Geschichte"

Notabene: Eigentlich sollte jedes Liebespaar den gemeinsamen Lebensweg mit einer Reise nach Aalen beginnen....

Baden-Württembergische Liebe

In unmittelbarer Nähe der kleinen Schwarzwaldgemeinde Schönmünzach, heute Teilort von Baiersbronn, verläuft die ehemalige Landesgrenze zwischen Baden und Württemberg. Diese Grenze war bis vor kurzem auch noch die fränkisch-alemannische Sprachgrenze, deren Entstehung noch eine „Altlast" aus der Schlacht von Zülpich im Jahr 497 unserer Zeitrechnung darstellt, bei der die Alemannen von den Franken geschlagen und nach Süden abgedrängt wurden. Den Grenzverlauf bildet ein kleiner Schwarzwaldbach wie aus dem Bilderbuch von knapp 800 m Länge, der sich nördlich von Schönmünzach in die wilde Murg ergießt. Dieser Bach ist aber offensichtlich so unbedeutend, dass er in fast allen Topographischen Karten keinen Namen trägt. In alten Flurkarten ist er als „Frohnbrunnen" erwähnt, was auf unfreiwillige Dienstleistungen der früheren Bevölkerung schließen lässt. Keine gute Geschichte.

Der Karlsruher Geschichtenerzähler schlägt nun vor, diesen geschichtsträchtigen Bach in „Liebe" umzubenennen. Ist Liebe nicht die innigste Verbindung zwischen den Menschen? Und ist es nicht so, dass wir jede Politik und jedes Landes- oder Land-Marketing vergessen können, wenn nicht zwischen Badenern und Württembergern die Liebe fließt?

Der Zufall will es, dass in unmittelbarer Nähe der „Liebe" auf der anderen Fluss-Seite der Murg eine Felsformation steht, die den Namen „Verlobungsfelsen" trägt. Von diesem zieht sich ein „Scheiterweg" Richtung Murg. Hier kann man also scheitern, ohne dass es gleich zur ganz großen Katastrophe kommt – die „Liebe" ist ja in Reichweite! Schöner kann man die Notwendigkeit der Liebe als menschliches Bindeglied wohl kaum zeigen. Der Geschichtenerzähler schlägt deshalb vor, in Schönmünzach einen baden-württembergischen „Grenzwertweg" anzulegen und lädt alle neu aber auch auf Dauer Verliebten ein, an der Liebe spazieren zu gehen, die Liebes-Quelle aufzusuchen und sich der gegenseitigen Zuneigung zu versichern.

„Die Liebe fließt im Schwarzwald!" Mit diesem Argument kommen sogar neue Arbeitsplätze in eine strukturschwache Region. Wir in Baden-Württeemberg können alles. Auch anders.

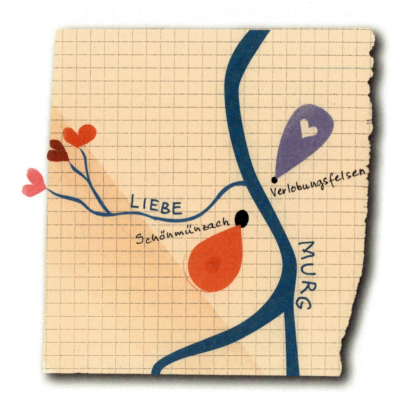

Karlsruher Wechsel-Spiel

In einem ausführlichen Bericht vom 20. Dezember 2017 begibt sich Ekart Kinkel von den Badischen Neuesten Nachrichten auf Spurensuche im Karlsruher Stadtgebiet nach Relikten aus der Römerzeit. Dabei weist er zurecht darauf hin, dass in der Fächerstadt am Erbe der historischen Stadt Rom eigentlich niemand vorbeikommt. Als Beweis nennt Kinkel die vielen klassizistischen Gebäude von Friedrich Weinbrenner im Karlsruher Stadtbild.

Die Inspiration für deren Bau holte sich der begnadete Stadtbaumeister während seines 5jährigen Studienaufenthalts in der ewigen Stadt Rom – sowie in Karlsruhe selbst. So dürften vermutlich auch die 12 mythologischen Skulpturen des Hof-Figuristen Ignaz Lengelacher, die 1782 rechts und links des Hauptweges zum Schloss aufgestellt wurden, ideengebend gewesen sein. Es gehört nicht viel Phantasie dazu, dem lebensfrohen Friedrich Weinbrenner zu unterstellen, dass er dabei auch an der Figur der Venus, der römischen Göttin der Liebe, Gefallen gefunden hat.

Die Skulptur der Karlsruher Venus – der „Venus Kallipygos", die mit dem „schönen Hintern" – hat eine besondere Geschichte, wie sie nur in der geschichts- und geschichtenträchtigen Stadt Karlsruhe vorkommen kann:

Der Karlsruher Geschichtenerzähler ist ein großer Freund der Antike und schöpft immer wieder aus ihrem reichen Sagenschatz. Umso überraschter war er, als er bei einem Spaziergang über den vor ein paar Jahren neugestalteten Schlossplatz feststellen musste, dass eine gravierende Veränderung stattgefunden hatte: Die Skulptur der Venus war von der Ostseite auf die Westseite des Platzes gewechselt

– zu Lasten der Göttin Hygieia, die sich nun plötzlich auf die Ostseite verwiesen sah.

Eine Nachfrage bei der zuständigen Behörde über diesen Tausch blieb ergebnislos, sodass der Erzähler gezwungen war, sich seine eigenen Gedanken über den Vorfall zu machen. Er sah 3 Möglichkeiten. Erstens: Die Liebe will immer im Fluss bleiben und verträgt kein „auf der Stelle treten". Immer am gleichen Platz zu stehen, ist nicht „ihr Ding". Zweitens: Venus wollte mit ihrem Seitenwechsel einfach nur den ihr aufgetragenen „astronomischen Dienst" wahrnehmen. Sie ist am Himmel bekanntlich nicht nur als Morgenstern im Osten unterwegs sondern auch als Abendstern im Westen. Dritte und einleuchtendste Erklärung des eigenwilligen Seitenwechsels der römischen Göttin:

„Die Liebe macht einfach was sie will!" Sie macht einfach was sie will und überlässt uns die Entscheidung: lassen wir künftig, vom Karl-Friedrich-Denkmal her kommend, die symbolisierte Liebe „links liegen" oder folgen wir ihr und wechseln ebenfalls die Seite. Wir sollten letzteres einfach ausprobieren meint der Karlsruher Geschichtenerzähler – und werden dann schon sehen, was wir davon haben: vermehrten Besucherstrom nämlich, denn jetzt wollen vor allem die Italiener diese eigenwillige Venus Kallipygos auf Karlsruher Grund näher kennenlernen. Und für alle anderen gilt die Empfehlung der „Karlsruhe Tourismus GmbH":

„Der Weg nach Rom führt liebend gerne über Karlsruhe..."

Karlsruher Entwaffnung

Ein Lächeln...

Baden-Württemberg-Wein

Der Karlsruher Geschichtenerzähler träumt: er träumt von einem „Baden-Württemberg-Wein". Einen solchen Wein gibt es bislang nicht; die beiden Landesteile Baden und Württemberg vermarkten ihren Wein grundsätzlich unabhängig vom „größeren Ganzen" Baden-Württemberg. Damit wird eine große Chance vertan, eine zentrale baden-württembergische Qualität ins Bewusstsein zu bringen: die Ehrlichkeit. Der „Baden-Württemberg-Wein" ist ein „ehrlicher Wein".

Diese Definition ist allerdings vielschichtig und vielfältig interpretierbar, eine Debatte darüber könnte allerdings fruchtbar sein und einen übergreifenden Diskurs darüber anregen, was „ehrlich" ist und welcher Wert dem Ehrlichen in Baden-Württemberg zugemessen wird. Die Idee: nach einer Vorbereitungs- und Diskussionsphase auf einer Internet-Plattform werden jährlich 4 Weine ausgewählt, die das Prädikat „Ganz ehrlich – aus Baden-Württemberg" tragen dürfen, ein ergänzendes Zusatz-Label am Flaschenhals oder auf der Flaschen-Rückseite. Das Label trägt die Unterschrift des baden-württembergischen Ministerpräsidenten. Die Winzer einigen sich in einem selbstorganisierten Prozess über die baden-württembergischen „Prädikatsweine" (2 aus Baden, 2 aus Württemberg). Eine Glaubwürdigkeitsprüfung durch die Landesregierung findet nicht statt; es gilt das Prinzip „Vertrauen gegen Ehrlichkeit" – ein wesentlicher Bestandteil des Konzeptes.

Die ausgezeichneten Baden-Württemberg-Weine werden am jährlich stattfindenden „Baden-Württemberg-Tag" aus Anlass der Heimattage Baden-Württemberg und daran anschließend bei den Weinfesten der erfolgreichen Winzer vorgestellt und ausgeschenkt. Als Schirmherrin der Aktion zeichnet die ehemalige baden-württembergische Landwirtschaftsministerin und Winzerin Gerdi Staiblin aus Königschaffhausen verantwortlich, die den Geschichtenerzähler zu der Idee eines Baden-Württemberg-Weines inspiriert hat.

Der Wert der Aktion ist weniger ihr wirtschaftlicher Erfolg – obwohl man davon ausgehen kann, dass der „Baden-Württemberg-Wein" ein Erfolgsmodell ist, so wie das Land selbst auch. Die neue Weinmarke gibt vor allem die Möglichkeit, eine baden-württembergische „Langzeitqualität" in den Herzen der Baden-Württemberger fest zu verankern:

„Ehrlich währt am längsten".

Badische Kehr-Woche

Die „Schwäbische Kehrwoche" ist weltbekannt. Wir haben dafür bei uns die „Badische Kehr-Woche" hält der Karlsruher Geschichtenerzähler dagegen. Diese hat den Vorteil, dass man nicht mit den Türnachbarn darüber streiten muss, wer denn gerade mit Kehren dran ist und ob auch sauber genug geputzt wird.

Die „Badische Kehr-Woche" löst nur gute Gefühle aus. Alle kehren vor ihrer eigenen Haustür und jeder kann die Woche bestimmen, in der er „dran" ist.

So was nennt man badische Flexibilität!

Die Badische Kehr-Woche beginnt

montags

mit der *Abkehr* von einer liebgewonnenen schlechten Gewohnheit (Rauchen, übermäßiges Trinken, etc.)

dienstags

bewältigen wir den *Verkehr* ausschließlich mit öffentlichen Verkehrsmitteln, das Auto bleibt in der Garage

mittwochs

treffen wir *Vorkehrungen* für den folgenden Tag so rechtzeitig, dass wir diesem entspannt entgegen sehen können

donnerstags

gehen wir in den Gesangverein und erleben die stete *Wiederkehr* des Glücksgefühls von vielstimmiger Gemeinschaft

freitags

entwickeln wir die Kunst der *Umkehr:* der Berg unerledigter Arbeit wird umgekehrt und von unten her angegangen, da bleibt nichts Unangenehmes mehr längere Zeit liegen

samstags
genießen wir die *Rückkehr* zu einer schönen alten Tradition und lesen abends wieder einmal ein gutes Buch statt in die Glotze zu glotzen
sonntags
wird *Einkehr* gehalten: in der Kirche, bei einem Spaziergang, im Gespräch mit einem lieben Menschen und im Anschluss gerne auch bei einem guten badischen Viertele in der Wirtschaft

Merke: In Baden lässt man sich nicht so leicht weltanschaulich vereinnahmen:

wir sind schon bekehrt!

Badischer Bund

Seit 1992 verleiht der BFsBW, der „Bund Freiheit statt Baden-Württemberg", die Auszeichnung „Badener des Jahres". Vergeben wird der Titel an Personen oder Institutionen, die sich in besonderem Maße um Baden verdient gemacht haben. Bisherige Preisträger waren zum Beispiel der Schriftsteller Harald Hurst, der Fernsehmoderator Markus Brock und das Kultbier „Tannenzäpfle" der badischen Rothaus-Brauerei.

Die Ernennung „Badener des Jahres" findet stets ein lebhaftes, landesweites Echo. Und das, obwohl man zunächst annehmen könnte, der „Bund Freiheit statt Baden-Württemberg" sei nicht ganz ernst zu nehmen, liest man doch in seiner Satzung, dass er sich „gegen die Majorisierung Badens durch den illiberalen schwäbischen Landesteil Baden-Württembergs" richtet. „Alles halb so wild" meint der Karlsruher Geschichtenerzähler, der um die persönliche Integrität der Bundes-Genossen weiß und vor allem um ihre kindliche Freude an der spielerischen Auseinandersetzung mit dem „Außerbadischen", speziell dem Schwäbischen, im gemeinsamen Bundesland Baden-Württemberg.

Auch der BFsBW selbst lässt nichts anbrennen, wenn es um seinen Ruf geht. So wird bei öffentlichen Verlautbarungen stets betont, dass man eigentlich nur mit einem „Augenzwinkern" zu verstehen sei. Das Augenzwinkern ist gewissermaßen das Markenzeichen des Bundes. Für einige mag das nur lustig sein, man kann sich darüber aber auch Sorgen machen! Denn ausgiebiges Augenzwinkern kann bei sensiblen Personen leicht zu einer psychosomatischen Beeinträchtigung oder schließlich gar zu einem Tick führen. Auch stört das Augenzwinkern letztlich die klare Kommunikation, wird man während des Gesprächs doch das Gefühl nicht los, dass dem Gegenüber etwas „ins Auge" gegangen sein könnte. Dann will man helfen, doch der augenzwinkernden Person ist ja überhaupt nicht zu helfen!

Und einmal davon abgesehen: sollten wir besser nicht immer mit offenen Augen durchs Leben gehen? Es sind zwar nur Millisekunden, aber jedes Augenzwinkern ist eine Seh-Einschränkung! Der Karlsruher Geschichtenerzähler empfiehlt dem „Bund Freiheit statt Baden-Württemberg" deshalb dringend eine Neuorientierung in der Außendarstellung. Seiner Meinung nach könnten sich die Mitglieder auch durch ein „stilles Lächeln" ausweisen. Stilles Lächeln findet direkt den Weg zum Herzen und macht von Grund auf froh. Auf einer tieferen Ebene ist stilles Lächeln geradezu „ansteckende Gesundheit". Da winken künftig sogar Krankenkassen als Sponsoren!

Überhaupt könnte der Wert des Stillen den „Bund Freiheit statt Baden-Württemberg" um eine schöne Aufgabe bereichern. Baden ist reich an stillen und deshalb auch erholsamen Orten, die es aber immer wieder auch zu schützen gilt: den Schwarzwald, die Rheinauenlandschaft, die Flüsse und Bäche, Brunnen und Quellen – um nur ein paar Beispiele zu nennen. Und hätte unser „stilles Wasser" nicht ebenfalls eine Auszeichnung verdient, genauso wie das badische Bier?

In der Erinnerungskultur ist das „stille Gedenken" wichtig, zum Beispiel an herausragende Persönlichkeiten der Geschichte; wir haben in Baden nicht nur „den Drais" und „den Benz", sondern beispielsweise auch einen Karl Friedrich Nebenius, den Geburtshelfer der Badischen Verfassung von 1818 und eine Magdalena Wilhelmine von Württemberg, die Ehefrau des Karlsruher Stadtgründers Markgraf Karl Wilhelm und „Engel von Durlach" in der Zeit, als der Markgraf es vorzog, die kriegerischen Unruhen in seinem Land im sicheren Basel abzuwarten.

„Stilles Einvernehmen" ist eine besondere Kulturleistung und fördert den Konsens – zum Beispiel darüber, dass vieles im Badischen auch anderer Herkunft ist – sogar schwäbischer, z.B. Durlach, einst durch die Staufer gegründet. Auch der „stillen Nacht" wäre in diesen lauten Zeiten wieder zu ihrem Recht zu verhelfen – etwa mit geführten Nachtwanderungen unterm Sternenzelt mit besinnlichen Gedanken über Zeit und Ewigkeit.

Kinder „still" zu bekommen ist heutzutage ein schwieriges Unterfangen. „Bund"-Mitglieder könnten sich zu Geschichtenerzählern ausbilden lassen und würden beglückt erleben, wie durch das Erzählen schöner Geschichten aus „lärmenden Kids" „mucksmäuschenstille Kinder" werden.

Weit über Baden hinaus wird sich der Ruf des mit dem Wert des Stillen angereicherten Bundes verbreiten, wenn er sich in der Konfliktberatung hervortut und sich überall dort für Stillhalte-Abkommen einsetzt, wo Streitigkeiten offen eskalieren.

Bei solchen Perspektiven sollte man nach Meinung des Karlsruher Geschichtenerzählers auch überlegen, den „Bund", der zur Zeit noch als Verein geführt wird, in eine Stille Gesellschaft umzuwandeln und überall dort stille Beteiligungen einzugehen, wo Ruhe und Stille als wesentliche Voraussetzungen für eine gehobene Lebensqualität erkannt und gefördert werden.

Der Karlsruher Geschichtenerzähler ist überzeugt: Dieser, einen besonderen Wert verteidigende BFsBW, hat Zukunft. Alle werden ihn lieben. Und wo im übrigen Deutschland nach der letzten großen Bundeswehr-Reform lange Zeit nicht klar war, ob sie von den Menschen im Lande auch angenommen werden würde – es fehlten die Freiwilligen – brauchen wir uns in Baden um mangelnde Verteidigungsbereitschaft überhaupt keine Sorgen machen.

Wir sind ab sofort alle beim „Bund". Freiwillig!

Karlsruher System-Theorie

Diese Nachricht lässt aufhorchen: Eine Studie der amerikanischen Bradley University bescheinigt den Schweizer Frauen besondere Liebesfähigkeit. Die Wissenschaftler befragten 15.234 Personen aus 48 Nationen, ob und wie intensiv sie Liebesgefühle wahrnehmen. Das Ergebnis ihrer Forschung: Frauen empfinden im Durchschnitt mehr Liebe als Männer.

„Das hätte man auch ohne diesen Aufwand wissen können", meint der Karlsruher Geschichtenerzähler und denkt dabei an seine eigenen Erfahrungen mit den Töchtern der Badenia. Richtig spannend wird die Studie der Bradley University aber bei der Frage, wo denn die Liebeskluft zwischen Männern und Frauen am größten ist. Ergebnis: Die größte Kluft zwischen den Geschlechtern besteht in der Schweiz! Weil die Schweiz ein kluftenreiches Land ist? Der vorliegende Fall ist jedoch weitaus vielschichtiger. Zunächst sieht es ja so aus, als ob die Liebeskluft zwischen Schweizer Frauen und Männern ein schlechtes Zeugnis für die Schweizer Männer ausstellt. Das ist aber keineswegs der Fall, stellt der Erzähler fest, nachdem er die Situation einmal unvoreingenommen durchleuchtet hat. Dabei stieß er auf eine alte Volksweisheit:

„Liebe kann Berge versetzen!".

Berge versetzen! Liebe Leserin, lieber Leser dieser Zeilen: Spüren Sie nicht auch gleich die Gefahr, in der sich die Schweiz durch ihre liebenden Frauen befindet? Da muss nur etwas außer Kontrolle geraten und schon verliert das Land seine landschaftsprägenden und identitätsstiftenden Berge! In dieser Situation machen die Schweizer Männer unbewusst das genau Richtige: Sie lieben WENIGER als die Schweizer

Frauen und gleichen somit das System aus! Was also zunächst wie eine schlechte Geschichte für die Schweizer Männer aussieht, ist eine gute, ja eine verrückt gute Geschichte sogar! Die Schweizer Männer sind die eigentlichen Helden der Geschichte – auf jeden Fall dieser!

Zwar ist bis jetzt nichts schiefgegangen, aber so richtig zufrieden ist der Karlsruher Geschichtenerzähler mit der durch Gewichtsverlagerung ausgeglichenen Situation nicht. Wäre es nicht schön, fragt er sich, wenn es überhaupt kein Gefälle in den Liebesbeziehungen mehr gäbe und sich die Schweizer Frauen und Männer auf gleichem Niveau, auf gleicher Augenhöhe, lieben könnten? Sein Lösungsvorschlag: Frauen und Männer bauen eine gute Resonanz zueinander auf und „schaukeln" ein bisschen miteinander: erst lieben die Frauen etwas weniger, daraufhin die Männer etwas mehr – das geht dann mit ganz viel „Liebe, Lust und Leidenschaft" so weiter, bis der Gleichstand erreicht ist.

Nun ist die „Normalverteilung" der Liebe auf mittlerem Niveau aber auch noch nicht das, was man sich als Ideal vorstellt – damit wäre ja auch den Schweizer Frauen die Fähigkeit der besonderen Liebesempfindung genommen. Deshalb hofft der Erzähler auf einen „Mitnahme-Effekt": Die Schweizer Männer werden durch die stete Erhöhung ihrer Liebesbefähigung und die damit verbundene emotionale Bestätigung durch die Schweizer Frauen so positiv gestimmt, dass sie die einmal eingeleitete Entwicklung gar nicht mehr stoppen wollen. Die Schweizer Frauen sind nun klug genug, ihren systemisch geschulten Kopf auszuschalten und nur ihrem Herzen zu folgen – zusammen mit ihren Männern hinauf in die Höhen des Liebesglücks. Und schon sind sie wieder dort, wo sie ganz am Anfang der Geschichte schon einmal waren: auf „Platz 1" der Untersuchungsstatistik der Bradley University nämlich. Diesmal aber vereint mit den Schweizer Männern!

„Um Himmels Willen!" hört man nun sofort Jene rufen, die schon immer vor den Gefahren der Liebe gewarnt haben, „jetzt ist die Schweizer Bergwelt ja doppelt bedroht – von Frauen UND Männern, die mit ihrer Liebe Berge versetzen können!"

Das stimmt. Aber auch in dieser Situation ist der Karlsruher Geschichtenerzähler nicht um eine gute Lösung verlegen: jetzt müssen eben ALLE Nachbarn der Schweiz ebenfalls auf dem hohen Niveau der Schweizer Frauen und Männer lieben – dann gleicht sich das System auch zwischen den Völkern aus und ganz zwangsläufig erleben wir hier in ganz Europa eine völlig neue Liebeskultur! Und in den Geschichtsbüchern wird stehen, dass das alles einmal in der Schweiz begonnen hat ... Nun muss man allerdings einräumen, dass möglicherweise in der Anfangsphase des Projekts noch die eine oder andere Panne passiert. So könnte es durchaus sein, dass z.B. der Karlsruher Oberbürgermeister Dr. Frank Mentrup unter den Bergen von Arbeit auf seinem Schreibtisch plötzlich das Matterhorn entdeckt.

Jetzt bitte keine Panik, lieber Herr Oberbürgermeister! Versuchen Sie keinesfalls, diesen Berg abzutragen, Sie haben wirklich anderes zu tun! Bleiben Sie ruhig und rufen Sie den Karlsruher Geschichtenerzähler in der Klauprechtstraße 34 an, das ist jetzt genau die richtige Adresse. Denn dass das Schweizer Matterhorn gerade in Baden auftaucht, hält der Erzähler für ein Geschenk des Himmels. Himmelsgeschenke behält man aber nicht für sich, sondern man gibt sie weiter, damit alle davon Gewinn haben!

Keine andere Stadt hat in diesen Tagen ein Himmelsgeschenk mehr verdient, als das sympathisch-badische Hornberg. Die kleine Schwarzwaldstadt im Gutachtal/Ortenaukreis, weithin bekannt durch das „Hornberger Schießen", hat eine lange und reiche Geschichte. Da wird es dem rührigen Bürgermeister Siegfried Scheffold gerade zupass kommen, dass die Stadt endlich einen Hornberg erhält. Man mag es ja kaum glauben, aber es ist wahr: die Stadt hat jede Menge Berge um sich herum aber keinen Hornberg! Als Ausgleich erscheint jetzt ein Matterhornberg im Gutachtal. Mit ihm wird es zwar etwas eng im Tal aber hier in Baden ist man das Zusammenrücken immer schon gewohnt.

Obwohl die Schweizer jetzt das Matterhorn endlich einmal aus weiter Ferne betrachten und sie ihr Fernweh mit einer Reise in die badische Ortenau stillen können ohne dabei auf Heimatgefühle verzichten zu müssen, wird man in der Schweizerischen Eidgenossenschaft irgendwann doch Heimweh nach dem geliebten Berg bekommen und das Matterhorn zurück haben wollen. Für die freundliche aber bestimmt formulierte Depesche an den Hornberger Rathaus-Chef wird der Schweizer Außenminister Ignazio Cassis schon die richtigen Worte finden. Schlussendlich sollte der Hornberger Bürgermeister diesem Wunsch aus Bern auch nachkommen, hat er dann doch beste Aussichten, irgendwann auch einmal aus Dankbarkeit für die freiwillige Rückgabe des Matterhorns im Austausch das Weißhorn, das Finsteraarhorn oder das Zinalrothorn als Schweizer „Liebesgabe" zu erhalten – alles gestandene 4000er, die Hornberg alle Ehre machen und dem jährlich auf der Freiluftbühne stattfindenden Hornberger Schießen eine großartige Echo-Kulisse bieten würden. Die Stadt käme nicht mehr aus den Schlagzeilen heraus und es gäbe künftig auf der Freiluftbühne neben dem „Hornberger Schießen" auch das „Hornberger Treffen" – nämlich jenes der europäischen Geschichtenerzähler, die nur zu gerne ihren Wahlspruch in eine Hornberger Felswand gemeißelt sehen würden:

„Erst Story. Dann Geschichte!"

Aus systemisch-symbolischer Sicht ist die Rückversetzung des Matterhorns an seinen angestammten Platz im Wallis kein Problem. Wir haben es ja hier und heute gelernt: Liebe kann Berge versetzen. Jetzt müssten sich also die Schwarzwälder etwas anstrengen...

Ende gut, alles gut. Der Karlsruher Geschichtenerzähler ist über den glücklichen Ausgang der Matterhorn-Geschichte sehr erleichtert, ja, es fällt ihm geradezu „ein großer Stein" vom Herzen. Denn beinahe wäre ihm doch noch was schief gegangen. Er hat nämlich vor lauter Begeisterung über den phantastischen Gedanken an ein neu aufgestelltes Europa völlig vergessen, dass auch die Italiener beim Matterhorn, dem Monte Cervino, ein Wörtchen mitzusprechen haben: ihnen gehört nämlich die Südwand! Mit dem Verschwinden des Matterhorns und damit auch seiner Südwand war plötzlich der schönste Wand-Schmuck Italiens weg! Und damit ein wichtiges Stück Lebensqualität der Italiener, die – ganz ihrem Temperament entsprechend – doch immer wieder einmal gerne die „glatte Wand" hochgehen! Man stelle sich einmal die italienische Regierung ohne diese vertraute Möglichkeit vor – nicht auszudenken! „Alles nicht so einfach", bringt es der Karlsruher Geschichtenerzähler abschließend auf den Punkt, „vor allem das mit der Liebe!" Doch für alle, die sich nach mehr Sicherheit in Liebesdingen sehnen, hat er dann schließlich doch noch eine „handfeste" Empfehlung: „Achte gut auf das was Du liebst und umarme es fest und innig – so oft Du kannst. In dieser Zeit läuft es Dir garantiert nicht davon!"

„Man darf bei allem mauern, nur nicht bei der Liebe".

Karlsruher Spitz-Bube

Woher hat der Spitzwegerich seinen Namen? Die Geschichtenerzähler wissen es: Irgendwann hat der Spitzwegerich spitz gekriegt, dass er eine wunderbare Heilpflanze und durch seine Wirkung bei Katarrhen der Luftwege und entzündlichen Veränderungen der Haut so etwas wie der „König" unter den Wegerichen ist.

Eine Geschichte, die mal wieder aufschlussreich zeigt, dass man es selbst als krautige Pflanze zu etwas Großem bringen kann. Aber auch ganz grundsätzlich ist es von Vorteil, spitz zu sein und nicht nur immer „rund", wie das von interessierten Kreisen propagiert wird. Wer spitz auf irgendetwas ist, fokussiert seine Willenskräfte, wird erfolgreich und irgendwann auch richtig Spitze.

Da wir hier in Karlsruhe viele Spitzenkräfte haben – in der Wirtschaft, im Rechtswesen, in der Forschung, in der Kultur – ist das „spitz sein" auch in der Fächerstadt das Mittel der Wahl. Aber hat man schon einmal gehört, dass Spitz-Buben einen guten Ruf haben? Der stets um Ausgleich bemühte Karlsruher Geschichtenerzähler sucht deshalb den Vorzeige-Spitzbuben der Stadt und will ihn zum Karlsruher Spitz-Buben küren. Wer eine Spitz-Bübin ist, darf sich natürlich ebenfalls bewerben, denn auch das Spitzbübische hat in dieser Stadt seinen guten Platz. Es gibt eine einzige Einschränkung: Wenn Sie nur Spitz sind, dürfen Sie sich nicht bewerben, dann sind Sie nämlich ein Hund…

Karlsruher Variante

Die heutige Geschichte führt uns in die Götterwelt Griechenlands zunächst auf den Olymp und zur Hochzeit des Peleus und der Thetis. Alle Götter sind eingeladen, nur nicht Eris, die Göttin der Zwietracht. Das lässt sich diese natürlich nicht bieten und wirft von der Tür aus einen goldenen Apfel mit der Aufschrift „Für die Schönste" unter die feiernden Götter. Sofort kommt es zum Streit zwischen Aphrodite, Pallas Athene und Hera, wem dieser Apfel zusteht – er wird zum „Zankapfel". Zeus als höchste olympische Instanz zieht sich (seiner Meinung nach) elegant aus der Affäre und legt das Urteil in die Hand eines Sterblichen: Er bestimmt Paris, den Königssohn von Troja und Sohn des Priamos, die Entscheidung herbeizuführen.

Um Paris für sich zu gewinnen versucht nun jede der Göttinnen, ihn zu bestechen. Hera verspricht Macht, Pallas Athene Weisheit und Aphrodite Liebe. Schließlich kann Aphrodite das Urteil für sich entscheiden, indem sie dem Königssohn die schönste Frau der Welt verspricht: Helena! Die Sache hat allerdings einen Haken: jene Helena ist bereits mit Menelaos, dem König von Sparta, verheiratet....

Mit seiner Entscheidung gewinnt Paris die Göttin Aphrodite als Freundin – und zieht sich gleichzeitig den Zorn der beiden anderen Göttinnen zu. Diese versuchen nun ihm zu schaden, wo sie nur können – mit verheerenden Folgen. Das Urteil des Paris und der darauf folgende Raub der Helena gilt als der mythologische Auslöser des Trojanischen Krieges, der über ein Jahrzehnt dauern und die Antike in ihren Grundfesten erschüttern sollte. Am Ende des Krieges ist Troja vollständig zerstört und tausende von Menschen haben ihr

Leben verloren. Das ist keine gute Geschichte! Und am Anfang steht ein unschuldiger Apfel!

Wie wäre nun dessen Ehre zu retten? Bei näherer Betrachtung zeigen sich in der „Zankapfel"-Geschichte gleich mehrere Schnittstellen, an denen eine Wendung zum Guten hätte erfolgen können. So war es ein schwerwiegender Fehler, Eris, die Göttin der Zwietracht, von der himmlischen Hochzeit auszuschließen. Bei einem großen Familienfest ein Mitglied auszugrenzen – so unangepasst es sich auch verhalten mag – ist verhängnisvoll und führt zur Rache, da gibt es in der Geschichte viele schlimme Beispiele. Eintracht ist immer fragil und das Ergebnis ständiger Kompromisse zwischen miteinander streitenden Anteilen. Dabei darf es keine Verlierer geben! Und alle Beteiligten müssen ihren Platz kennen! Zwietracht kann sich erst dort richtig entfalten, wo etwas nicht mehr gesehen, in seiner Eigenheit nicht mehr anerkannt und vom System ausgeschlossen wird.

Da könnte man jetzt lange darüber nachdenken – aber zurück zur olympischen Hochzeit und den streitenden Göttinnen. Diese waren leider ihren Emotionen so ausgeliefert, dass sie nicht mehr den „Grundwert" eines Apfels erkennen konnten. Und der Grundwert eines Apfels ist, dass man ihn essen kann! Versucht man hingegen einen goldenen Apfel zu verzehren, wird er einem alsbald im Halse steckenbleiben.

Göttervater Zeus schließlich mogelte sich aus der Affäre, indem er die Entscheidungsgewalt einem schwachen Erdenkind zuschob. Ein verantwortungsvoller Familienvater tut so etwas nicht; er klärt den Streit im eigenen Hause und wälzt Entscheidungen nicht auf andere ab! Auch hätte Zeus bekannt sein müssen, dass es die denkbar schlechteste Wahl war, ausgerechnet dem Paris eine so weitreichende Entscheidung wie die Wahl einer Schönheitsgöttin zu überlassen. Hekabe, Königin von Troja und Mutter des Paris, hatte vor der Geburt ihres Sohnes geträumt, sie gebäre eine Fackel, die Troja in Brand steckt – was durch die Entführung der Helena ja dann tatsächlich heraufbeschworen wurde.

Aber auch Paris machte einen großen Fehler, als er sich von Aphrodites Worten verführen und sich Helena „schenken" ließ. Ein Mann darf sich eine Frau nicht einfach schenken lassen, er muss ihr Herz erobern und ihr Vertrauen gewinnen – nur so entsteht eine gute Beziehungsgeschichte.

Geblendet von einer „einfachen" Lösung entschied sich Paris für Aphrodite, überreichte ihr den goldenen Apfel und das Verhängnis nahm seinen Lauf. Hätte man hier die Geschichte aufhalten können? Vielleicht mit der „Karlsruher Variante", und die geht so:

Paris hört sich das Werben von Hera, Pallas Athene und Aphrodite freundlich an und bedankt sich für Komplimente und angebotene Geschenke. Dann sagt er zu den drei göttlichen Damen:

„Was soll ich vergleichen? Ihr seid alle unvergleichlich schön! Jede auf ihre Art!"

Dann holt er aus seiner Hosentasche einen Apfel (der idealerweise von einer der Streuobstwiesen aus dem Stadt- und Landkreis Karlsruhe kommt), schneidet ihn in 4 gleichgroße Stücke und reicht 3 davon den Göttinnen. Das vierte Stück aber gönnt er sich selbst, denn für seine wohldurchdachte Entscheidung hat er ebenfalls einen Schönheitspreis verdient, nämlich den für die eleganteste Lösung. Alle, auch die drei Göttinnen, werden ihn dafür lieben....

Mit der „Karlsruher Variante" wäre also der Streit um den Zankapfel zu einem guten Ende gekommen. „Halt!" werden jetzt aber einige rufen, „hat die ursprüngliche Geschichte wirklich nur Not und Unglück gebracht, besitzt sie nicht auch eine „kulturstiftende Rückseite"? Die Welterzählungen eines Homer beispielsweise, die Ilias und die Odyssee? Geniale Erfindungen wie die des trojanischen Pferdes? Die Heldenreise und glückliche Heimkehr des Odysseus? Die glückliche Flucht des trojanischen Königssohns Aeneas nach

Italien, wo er zum Ahnherr der Römer werden sollte? Und die nachfolgende Ära der Geschichte, die das römische Recht hervorbrachte, das auch unser Rechtssystem bis in heutige Zeit beeinflusst?

Jene, die Einhalt gebieten, sind im Recht. Lassen wir besser die Finger davon, dem Rad der Geschichte in die Speichen fallen zu wollen und die Welt „von hinten her" neu aufzurollen. Vermutlich hat ja alles seinen Sinn und wir suchen Gerechtigkeit und Heilung für diese Welt besser in Problemlösungen, auf die wir direkt mit der Nase stoßen. Dabei ist es aber immer hilfreich, auf geschichtliche Hintergründe zurückzublicken, Geschichte als Lehrgeschichte zu begreifen und sie in eindrücklichen Bildern zu erzählen – selbst ein Zankapfel aus den Tiefen der Antike kann da etwas beitragen.

Und eines sollten wir hier für alle Zeiten festhalten: wegen eines Apfels fangen wir nirgendwo mehr einen Krieg an. Und, liebe Leserin und lieber Leser, sollte Ihnen jemand bei nächster Gelegenheit einen goldenen Apfel schenken wollen: seien Sie auf der Hut, nehmen Sie ihn nicht an! In jedem goldenen Apfel steckt der Wurm!

Und wenn der Karlsruher Geschichtenerzähler etwas raten darf: Man ist immer auf der sicheren Seite, wenn ein Apfel von den Streuobstwiesen aus dem Stadt- und Landkreis Karlsruhe kommt. Da ist zwar manchmal auch der Wurm drin – doch eben nur manchmal, in einem goldenen Apfel aber immer! Der wichtigste Unterschied ist jedoch der: in einen Streuobstapfel kann man im Gegensatz zu seinem goldigen Kollegen immer herzhaft reinbeißen!

Wie bei allen Geschichten des Karlsruher Erzählers: Man glaube ihm kein Wort und mache die eigene Erfahrung!

Höllische Erkenntnis

Vor einiger Zeit war der Karlsruher Geschichtenerzähler in Bad Herrenalb zu einer Trauma-Tagung eingeladen. Bei den Gesprächen wurde deutlich, dass Menschen, die andere Menschen traumatisieren, oftmals in ihrer eigenen Familiengeschichte selbst Traumata erfahren haben. Und es stellte sich ihm die Frage, ob der Teufel, der Ober-Traumatisierer, vielleicht selbst unter einem Trauma zu leiden hat. Die überraschende Antwort: Der Teufel hat sogar ein doppeltes Trauma – ein Trauma von jedem Elternteil.

Sehen wir uns zunächst einmal die Vaterseite an. Da ist es Gottvater, der einen ursprünglich lichten Engel wegen eines Vergehens aus dem Himmel befördert. Das heißt, er tut das nicht selbst, sondern lässt das einen Bruder von Luzifer machen: den Erzengel Michael. Und das geschieht alles ohne Prozess! Oder hat man schon einmal gehört, dass dem Teufel jemals der Prozess gemacht worden wäre? Mit Anklage, Verteidigung und abschließendem Urteil? Da möchte man ja meinen, es geht auf Erden gnädiger zu als im Himmel!

Schauen wir auf die weibliche Seite. Da ist es so, dass der Teufel einfach nicht weiß, wer seine Mutter ist und mit wem er abends zu Bett geht – mit seiner Frau oder mit seiner Großmutter. Tatsache ist: In der ersten Fassung des Märchens „Der Teufel mit den 3 goldenen Haaren" aus dem Jahr 1812 sprechen die Gebrüder Grimm von einer „Frau Teufel". In späteren Ausgaben des Grimmschen Märchens wird eine Großmutter als Mitbewohnerin des Teufels in der Hölle genannt. Was also ist jetzt richtig? In so einer ungeklärten Familiensituation kann man ja völlig verrückt werden!

Was tun? Von Vaterseite aus ist ganz klar: der Teufel bekommt einen ordentlichen Prozess, in Karlsruhe, beim Bundesgerichtshof. Parallel dazu erscheint eine Streitschrift mit Papst Franziskus als Herausgeber: „Dem Teufel eine zweite Chance". Darin können sich alle, die zu wissen glauben was der Teufel tun muss damit er wieder ein anständiger Kerl wird, zu Wort melden. Zur weiblichen Seite: Da hilft nur eine Familienaufstellung nach Bert Hellinger, damit endlich zusammen kommt, was zusammen gehört.

Es gibt aber noch eine übergeordnete Lösung. Die kommt nicht von Frau Teufel oder von Großmutter Teufel sondern von der Uhrgroßmutter. Das ist die Frau, die im kosmischen Hintergrund täglich und stets aufs Neue die Uhr aufzieht. Unser aller Uhrgroßmutter hat alle Zeit der Welt zum Überlegen, wie eine gute Lösung des Problems aussehen könnte. Und die Uhrgroßmutter überlegt und überlegt bis sie sich endlich entschließt, den Teufel in seiner Hölle aufzusuchen. „Mein lieber Teufel" begrüßt sie ihn – und das ist richtig so, denn der Teufel gehört ja auch als gefallener Engel immer noch zur Gemeinschaft einer Großfamilie!

„Mein lieber Teufel" sagt die Uhrgroßmutter „du bist ja zweifellos für die schlimmsten Traumata verantwortlich. Diese Verantwortung kann dir niemand nehmen und du musst dich ihr stellen! Könnte es aber auch sein, dass du selbst traumatisiert bist? Jetzt sag doch mal…" Da fängt der Teufel an zu erzählen und zu erzählen… Und als er sich dann, sichtlich erschöpft, endlich den ganzen familiären Frust von der Seele geredet hat, schaut ihm die Uhrgroßmutter lange tief in die Augen und sagt schließlich: „Gut, dass wir darüber gesprochen haben. Am Ende wird alles gut. Und nur die Liebe kann es richten!" Da findet der Teufel unter Tränen gerade noch drei letzte Worte:

„Gott sei Dank!"

Karlsruher Dach-Gesellschaft

Im Jahr 1986 noch als Provisorium geplant, ist das „Haus der Fraktionen" in der Hebelstraße 13 inzwischen zu einer „festen Größe" der Stadt geworden; alle Gruppierungen mit Fraktionsstatus sind mit einer Geschäftsstelle vertreten. Aber auch die Einzelvertreter und Gruppierungen ohne Fraktionsstatus haben hier inzwischen ihren Platz gefunden. Eine kluge Entscheidung, den provisorischen Status beizubehalten, denkt sich der Karlsruher Geschichtenerzähler. Denn was können die Karlsruher Gemeinderatsfraktionen mit ihrer Arbeit in der Hebelstraße im besten Falle erzielen?

Hebel-Wirkung natürlich!

Neugierig wie er ist, nutzte der Geschichtenerzähler die Gunst der Stunde um sich bei einem Vor-Ort-Termin einmal ganz unmittelbar vor Augen zu führen, was an Resonanz vom Namensgeber der Straße, dem großen badischen Volksschriftsteller, Pädagogen und Theologen Johann Peter Hebel, im „Haus der Fraktionen" heute noch spürbar ist.

Das Karlsruher Haus der Fraktionen in der Hebelstraße 13 ragt 6 Stockwerke in den Himmel. Damit ist es eindeutig ein großes Haus, also ein Großes Haus der Fraktionen. Dieser kleine aber feine Unterschied macht Sinn, denn ein „Haus der Fraktionen" gibt es in anderen Städten auch, zum Beispiel in Kreuztal, Völklingen, Helmstedt oder Halle. Mit einem „Großen Haus der Fraktionen" hätte man in Karlsruhe ein weiteres Alleinstellungsmerkmal geschaffen, mit der man sich im Städtevergleich an vorderster Stelle positionieren könnte.

Nun weckt ein „Großes Haus" in Karlsruhe natürlich sofort Assoziationen in Richtung „Badisches Staatstheater". Um hier keine

Zweideutigkeiten aufkommen zu lassen muss die Formulierung präzisiert werden: „Großes Haus der Fraktionen. Alles. Bloß kein Theater!"

Der Karlsruher Geschichtenerzähler ist überzeugt: Landesweit werden die Medien von diesem Selbstbewusstsein berichten, augenzwinkernd von „wahrer Größe" sprechen und künftig nicht nur die ernsthafte Arbeit anerkennen, die in der Hebelstaße 13 von den Stadträten geleistet wird, sondern auch die hier anzutreffende Freude an Sprachwitz und der spielerisch-humorvolle Umgang miteinander. Und diesem speziellen Umgang kommt zwischen streitenden Parteien nachweislich eine wichtige Brückenfunktion zu!

Weiter geht es mit der Inaugenscheinnahme des „Großen Hauses". Beim Treppensteigen über alle Etagen hinweg fällt dem Karlsruher Geschichtenerzähler sofort auf, dass die Wände sehr nüchtern gehalten sind – es hängt dort kein einziges Bild! Das ist schade, findet der Erzähler, man möchte doch gerne schon im Vorfeld etwas von jener Herzlichkeit verspüren, die man als Besucher hinter den Türen der Fraktionsbüros erwarten darf.

Hier könnten Früchte helfen – auf die Treppenhauswände gemalte Liebesfrüchte wie Kirschen, Feigen, Litschi, Granatäpfel und was es sonst noch alles gibt im Reich der die Liebe symbolisierenden Früchte. Nach einer solchen Verschönerung wird es auch keine Frage mehr sein, welches Maß man der Arbeit der Karlsruher Gemeinderatsfraktionen zugrunde legt:

An ihren Liebesfrüchten werdet ihr sie erkennen!

Nun wollen wir das mit der Liebe aber nicht überstrapazieren, meint der Karlsruher Geschichtenerzähler und denkt dabei an die manchmal völlig überzogenen Erwartungen, die vor allem in Zeiten städtischer Haushaltsplanung an unsere Volksvertreter herangetragen werden und gegen die sie sich zur Wehr setzen müssen.

Auch hier ist das „Große Haus der Fraktionen" ein guter Spiegel. Schaut man nämlich aus den hinteren Fenstern auf den Hof hinunter, sieht man auf den ersten Blick einen kleinen Karlsruher Hinterhof und die kahle Wand des Nachbarhauses. Zunächst einmal kein „Ort der Visionen", wie man ihn sich für die Fraktionen wünscht. Hier ist einmal mehr die hohe Kunst des „Reframing", des Umdeutens angesagt, denn auch ein noch so kleiner Karlsruher Hof und eine noch so nüchterne Wand zeigen spätestens auf den zweiten Blick ein verstecktes Gesicht. So könnte man Besuchern, die mit völlig überzogenen finanziellen Wünschen ein Fraktionsbüro betreten, einen Blick aus einem der rückwärtigen Fenster gewähren und ihnen den kleinen Karlsruher Hof symbolisch als den derzeitigen finanziellen Spielraum der Stadt darlegen. Wenn das noch nicht einleuchtet, kann man dem uneinsichtigen Besucher mit Verweis auf die gegenüberliegende Hauswand schließlich noch zu verstehen geben, dass man als Volksvertreter bei manchen Forderungen einfach nur die glatte Wand hochgehen könnte....

Werfen wir nun einmal einen Blick in die aktuelle Aufteilung des „Großen Hauses": Die KULT-Fraktion (aus Mitgliedern von Karlsruher Liste, Die Partei und Piratenpartei) belegt das Erdgeschoss, die CDU das erste, die SPD das zweite Obergeschoss. Im 3. OG arbeiten FDP und die GfK, die Grünen findet man 1 Etage darüber. Im 5. Stock – und damit „der Sonne am nächsten" – logieren AFD, Die Linke und die Freien Wähler.

Wenn sich herumsprechen sollte, dass „ganz oben" ein „ganz wunderbarer Ort" ist, an dem man dem Licht und damit auch dem Himmel ganz nahe ist, wird es möglicherweise schon bald Streit im Großen Haus der Fraktionen geben, weil die tiefer angesiedelten Fraktionen auch mal ganz nach oben wollen. Diesen Streit vorhersehend schlägt der Karlsruher Geschichtenerzähler die Gründung einer überparteilichen Gesellschaft vor: eine Karlsruher Dach-Gesellschaft.

Erklärtes Ziel dieser Gesellschaft ist der Ausbau des 6. Obergeschosses – zurzeit ein wenig genutzter Speicher – und die Errichtung eines gemeinsam von allen Fraktionen und Wählergruppierungen unterhaltenen Dach-Gartens. Wie könnte dessen Nutzung aussehen? Da ist zum einen die hausbezogene Verwendung als Ort für Tee- oder Atempausen. Auch könnte sich der Dachgarten zu einem zwanglosen Treffpunkt mit Kollegen aus den anderen Fraktionen entwickeln, die hier Karls Ruhe suchen....

Der Dach-Garten könnte aber auch für öffentliche Sonderveranstaltungen genutzt werden. Vor allem nachts wäre er ein attraktiver Veranstaltungsort. Allein schon der Anblick des gestirnten Himmels über Karlsruhe erzeugt bei den Besuchern eine Stimmung, die das tägliche Klein-Klein und Hick-Hack in den Hintergrund treten lässt und einem ehrfurchtsvollen Schauen und Staunen über das „Große Ganze" Platz macht.

Hier wäre auch der richtige Ort für die „Karlsruher Sternstunden" – eine Erzählreihe, bei der besondere Momente der Karlsruher Kulturgeschichte erinnert werden. Spontan fällt dem Geschichtenerzähler die schöne Geschichte von der „Karlsruher Viererbande" ein – jener „verschworenen" Gruppe um die ehemaligen Stadträte Frithjof Kessel (SPD), August Vogel (CDU) und Rolf Funck (FDP), komplettiert durch Oberbürgermeister Gerhard Seiler, die in den 80er und 90er Jahren des letzten Jahrhunderts in Karlsruhe bemerkenswerte parteienübergreifende Kulturprojekte auf den Weg brachten.

Eine eigene „Sternstunde" gebührt August Vogel, dessen wohl größte kulturgeschichtliche Leistung darin bestand, den einst geplanten Verkauf des Ständehaus-Grundstückes zu verhindern. Mit einer „flammenden Rede" (Originalton Vogel) bei der entscheidenden Sitzung der CDU-Fraktion schaffte es August Vogel damals, einen Meinungsumschwung noch innerhalb der Fraktionssitzung herbeizuführen. Die CDU-Fraktion entschied sich überraschend gegen den Verkauf und eröffnete damit nach dem Abriss des 1944 zerstörten Ständehauses, dem ersten Parlamentsgebäude auf deutschem Boden, die Neugestaltung des Areals mit dem Bau der Stadtbibliothek, des Ständehaussaales und der Erinnerungsstätte Ständehaus.

„Flammende Reden" die einen Umschwung bringen! Eine Stadt, die solche Erzähler hervorbringt ist gesegnet, meint der Karlsruher Geschichtenerzähler und denkt darüber nach, wie er der Stadtverwaltung einen Preis für „Große Karlsruher Geschichte" nahelegen könnte, den „Karlsruher Flammen-Werfer".

Quintessenz dieser Geschichte: Die Karlsruher Dach-Gesellschaft hat eine große Zukunft, wenn sie ihre Dach-Gesellschaftspolitik auf die Förderung der Erzählkunst ausrichtet und in deren Pflege eine vorrangige Gesellschaftsaufgabe sieht. Aus allen gesellschaftlichen Kreisen werden dafür Lob und Anerkennung kommen. Mit Recht.

Denn was ist das für eine selbstbewusste Stadt Karlsruhe, in der die Bürgerinnen und Bürger ihren Gemeinderatsvertretern sogar „aufs Dach" steigen dürfen – und das für alle Beteiligte sogar eine gute Geschichte ist...

Weimarer Faustschlag

„Man muss immer wieder auch einmal mit dem Faust auf den Tisch hauen!"

Karlsruher Zeitungs-Ente

Zu den Alpträumen eines Verlegers gehört es, sich eine Zeitungsente, also eine falsche Zeitungsmeldung einzufangen. Andererseits sind es gerade diese speziellen „Enten", nach denen das Publikum sucht; ihre Entdeckung löst bei der Leserschaft gemeinhin große Heiterkeit und Freude aus. Das macht durchaus Sinn: lieben kann man nur das Unvollkommene und eine „perfekte" Zeitung wäre geradezu unmenschlich.

Deshalb sollte eine gute Zeitung immer wieder mal eine Zeitungsente unters Volk bringen, meint der Karlsruher Geschichtenerzähler. Das stärkt die „Leser-Blatt-Bindung" und sagt auch etwas über die Souveränität aus, mit der sich eine Zeitung nach außen darstellt. Leider finden sich in den Badischen Neuesten Nachrichten praktisch keine Zeitungsenten mehr; eine Faschingsausgabe hat schon lange ausgedient und auch der 1. April hat seinen Stellenwert als Zeitungsenten-Lieferant inzwischen weitgehend verloren. Den Karlsruhern verlangt es aber nach einer lebendigen Zeitung und dazu gehört – siehe oben – die Zeitungsente.

Der Karlsruher Geschichtenerzähler schlägt aus diesem Grund der BNN-Verlagsleitung vor, die Zeitungsente wieder einzuführen. So könnte man beispielsweise auf unserem Stadtgarten- oder Schlossgartensee mit den Buchstaben „BNN" bemalte Plastikenten aussetzen, mehr braucht es gar nicht. Man versteht sofort und alle haben ihren Spaß. Das städtische Presseamt bringt die ganze Sache dann in die „Tagesthemen", dort sucht man doch immer nach guten Geschichten, bevor man aufs Wetter zu sprechen kommt.

Und es gibt für den Karlsruher Geschichtenerzähler kein stimmigeres Ende einer Nachrichtensendung als die Worte „Karlsruher Zeitungs-Ente gut – alles gut!"

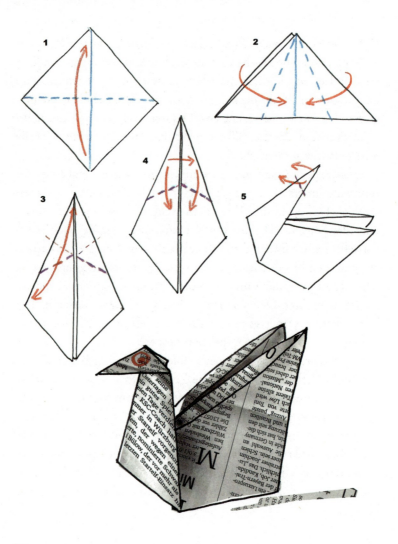

Karlsruher Nachhaltigkeits-Nachweis

Es gibt Tage im Leben des Karlsruher Geschichtenerzählers, die fallen aus dem Kalender, zum Beispiel der 13. Juli 2010. An diesem Tag attestierte die Europäische Union der 1. europäischen Straßen-Partnerschaft zwischen der Karlsruher Klauprechtstraße und der Via Gazzei im toskanischen Radicondoli, dass diese eine gute Geschichte sein und stellte für die Durchführung des Projektes einen stattlichen finanziellen Betrag zur Verfügung. Warum eine Partnerschaft gerade zwischen diesen beiden Straßen zustande kam, ist eine ganz eigene Geschichte; der Karlsruher Geschichtenerzähler kann an dieser Stelle nur den Nachhaltigkeits-Nachweis des von ihm initiierten Projektes erbringen.

Am 7. September 2010 reisten 43 „Freundinnen und Freunde der Via Gazzei" zu einem 3-tägigen Besuch nach Karlsruhe und gingen auf Spurensuche römischer Geschichte in Stadt und Land. Im Gegenzug fuhren am 22. Juni 2011, vom ehemaligen Karlsruher Kulturbürgermeister Ulrich Eidenmüller angeführt, ebenfalls 43 „Freunde und Freundinnen der Klauprechtstraße" in die Toskana. Zuvor weilte der Karlsruher Geschichtenerzähler Anfang März 2011 zur Vorbereitung des Straßentreffens in Radicondoli. Dort traf er zufällig auf der Straße Alice Villa, die zusammen mit ihrem Mann Enea an der Klauprechtstraßenfahrt ein halbes Jahr zuvor teilgenommen hatte und im Hotel „Eden" in der Karlsruher Südweststadt untergebracht war. Mit einem verschmitzten Lächeln berichtete Alice dem sichtlich überraschten Geschichtenerzähler, dass sie (und ihr Mann…) schwanger seien und dass sie dies als Resultat ihrer Begeisterung über die in Karlsruhe erfahrene Gastfreundschaft betrachten.

„Das ist ja eine zauberhafte Schöpfungsgeschichte", dachte sich der Karlsruher Erzähler und sah sich in seiner Ansicht bestätigt, dass der Name eines Hotels mehr ist als die Summe seiner Teile.

Und wie das Leben so spielt: Genau am Ankunftstag der „Freundinnen und Freunde der Klauprechtstraße" in Radicondoli, erhielten sie die Nachricht, dass Familie Villa mit einem kleinen „Luca" ein weiteres Familienmitglied erhalten hatte. „Made in Karlsruhe" gewissermaßen… Da war natürlich die Freude bei Deutschen und Italienern groß und der Karlsruher Geschichtenerzähler war sich mit Ulrich Eidenmüller spontan drüber einig, dass der kleine Luca einmal Ehrenbürger der Karlsruher Klauprechtstraße werden müsse.

Und was den Nachhaltigkeits-Nachweis der 1. Europäischen Straßen-Partnerschaft zwischen der Klauprechtstraße und der Via Gazzei angeht: Man kann diesen Nachweis nicht besser erbringen als durch das Erzählen dieser wunderbaren Geschichte…

Die glückliche Familie Villa mit dem Engel Angiolino „Made by Gundram Prochaska" im Rücken, links der kleine Luca, rechts sein „großer Bruder".

Karlsruher Hochzeit

Die Schneefälle des vergangenen Winters machten es möglich: der Karlsruher Geschichtenerzähler hat geheiratet. Und zwar so, wie er es sich schon als Kind geträumt hat:
Ganz in Weiß, mit einem Blumenstrauß.

Nun werden viele verwundert fragen, wie das denn sein könne mit dieser Hochzeit, da der Karlsruher Geschichtenerzähler seinen eigenen Angaben zufolge doch bereits seit über 30 Jahren „bestens" mit seiner schwäbischen Frau Ingrid verheiratet ist. Des Rätsels Lösung: der Geschichtenerzähler hat sich für ein völlig neuartiges Partnerschafts-Modell entschieden: Er heiratete nun auch seine „ungeliebten Anteile".

Als da wären: die immer wieder phasenweise auftretende Ungeduld bei der Lösung von Lebensaufgaben (z.B. Kaspar Hauser), den Hang, sich beim Schreiben von Geschichten gerne im Detail zu verlieren, der Ärger, der ihn manchmal packt, wenn er wieder einmal erfahren muss, wie wenig der Karlsruher Stadtgründer Karl Wilhelm von Baden-Durlach im Bewusstsein der Karlsruher Bevölkerung verankert ist – um nur einige Beispiele zu nennen.

Das spricht ja für ihn, wird man nun einwenden, dass er seine Schwächen auch zugibt – aber muss er sie deshalb gleich heiraten? Könnte er sie nicht einfach „ad acta" legen?

„Das ist keine Lösung", meint der unerschrockene Hochzeiter. „Ungeliebtes, was nicht im Bewusstsein bleibt, wird abgespalten und richtet im Unterbewussten großen Schaden an. Man schläft schlecht und hat keine guten Träume. Man wird ungut sich selbst und anderen gegenüber und man wird für schlechte Geschichten anfällig.

Wenn es schlimm kommt, hat man auch kein Auge mehr dafür, wie schön und aufregend das Leben sein kann."

„Die ungeliebten Anteile nur wahrzunehmen, reicht aber auch nicht", so der Erzähler weiter. „Man muss diesen Anteilen Liebe und Aufmerksamkeit schenken, dann verlieren sie ihre zerstörerische Kraft und wandeln sich zu einer Kraftquelle. Das Ungute im Leben über eine Liebesbeziehung heilen – das ist die gute Lösung!"

Warten wir die weitere Entwicklung ab. Im Umkreis des Karlsruher Geschichtenerzählers ist man sich aber jetzt schon darüber einig: dass er seine ungeliebten Anteile geheiratet hat, ist zur jetzigen Zeit und bezogen auf das, was er noch alles vorhat, das Beste, was ihm überhaupt passieren konnte.

Karlsruher Rand-Erscheinung

Am Rand erscheint das Neue, deshalb verdient es unsere besondere Aufmerksamkeit. Hier entscheidet sich, wie sehr wir uns für „das Andere" öffnen wollen oder auch nicht, hier wird „zulassen" und „abwehren" ausbalanciert. Eine gute Gelegenheit diese Balance zu üben ist die Tanzkette. Am Ende, also am Rand einer solchen Kette, tauchen immer wieder einmal neue Tänzer auf, die mitmachen möchten. Wer in gute Resonanz mit der tanzenden Kette kommt, bereichert die Tanzgemeinschaft, ist also eine „angenehme Rand-Erscheinung". Wenn das nicht klappt mit der Resonanz, hängt man sich ab und sucht bei anderen „Ketten" weiter, bis man das Richtige für sich gefunden hat.

In diesem Sinne sind wir irgendwie alle Rand-Erscheinungen, da wir uns immer wieder irgendwo anschließen müssen und sei es nur in einer Warteschlange. Da hätten wir es gerne, dass man uns freundlich empfängt. Das sollte uns zu denken geben, wenn wir selbst bereits Teil einer Kette bzw. einer Gemeinschaft sind und andere am Rand erscheinen und bei uns „anknüpfen" wollen.

Sehen wir die Rand-Erscheinung also am besten mit freundlichen Augen, meint der Karlsruher Geschichtenerzähler. Die schönste Rand-Erscheinung ist im Übrigen die Sonne: sie zeigt uns, welches Wunder jeden Tag zwischen Sonnenaufgang und Sonnenuntergang liegt: unser Leben.

Karlsruher Hold

Ist Ihnen schon einmal aufgefallen, dass es nur weibliche „Holde" und keinen männlichen „Hold" gibt? Und haben Sie bemerkt, dass es in den Medien von Unholden nur so wimmelt?

Da kann doch irgendetwas nicht stimmen. Dieses Leben hätte nie und nimmer auf der Erde Fuß fassen können, wenn uns da nicht jemand hold gewesen wäre und neben der „Holden" auch den „Hold" geschaffen hätte. Es muss ihn also irgendwo geben, vermutlich ist er verkümmert, wie alles, was nicht ausreichend gewürdigt wird, auch. Man könnte da ja locker drüber hinweggehen, wenn das „hold sein" in unseren Beziehungen nicht so dringend erforderlich wäre und es über sein Hauptmerkmal, die Liebenswürdigkeit, nicht so ungemein viel Lebensqualität vermitteln würde.

Mit Recht könnte da die Stadt Karlsruhe wieder einmal eine Vorreiterrolle spielen und den „Hold" ins öffentliche Bewusstsein zurückholen. Und einmal mehr haben es die Frauen dieser Stadt in der Hand, dass dies gelingt. Der Karlsruher Geschichtenerzähler bittet deshalb alle weiblichen Bewohner der Stadt Karlsruhe darum, sich auf die Suche nach dem „Karlsruher Hold" zu machen. Wie geht man am besten dabei vor? Hier ein Tipp von der Straße: Sie erspähen eine männliche Person und rufen laut „Halt! Hold!". Wendet sich die Person Ihnen zu, handelt es sich mit großer Wahrscheinlichkeit um einen Hold. Lächeln Sie ihn hold an, geben Sie sich als Holde zu erkennen und verwickeln Sie ihn in ein Gespräch. Geben Sie ihm dann die Adresse des Karlsruher Geschichtenerzählers, damit er sich bei ihm um den Titel „Karlsruher Hold" bewerben kann, er setzt ihn dann ins rechte Licht.

Stellen Sie bei der ersten Kontaktaufnahme aber fest, dass sie lediglich einen Rohdiamanten vor sich haben, schleifen Sie ihn einfach. Am besten in eines unserer wunderbaren Straßencafés und erzählen Sie ihm die schöne Geschichte von der noch zu gründenden Holding, in der sich Männer und Frauen stets mit Respekt und Liebe begegnen und sich gegenseitig die reine Freude sind.

Karlsruher Hylas

Wer es eilig hat und auf direktem Weg zum Schloss möchte, wird vielleicht an Ihnen vorbeilaufen. Sie zeigen sich eher zurückhaltend und hinter hohen alten Parkbäumen versteckt – gerade so, als ob sie es darauf angelegt hätten, sich nur dem bewusst nach ihnen Suchenden zu offenbaren. Die Rede ist von den beiden Najaden-Brunnen auf der West- und Ostseite des Karlsruher Schlossplatzes. Sie gehören zu den frühesten künstlerisch gestalteten Brunnenanlagen der Stadt und führen uns in die Zeit zurück, als Baden gerade Großherzogtum wurde und Karlsruhe als „Residenz" eine erste große Blütezeit erlebte. Großherzog Karl hat die beiden baugleichen Brunnen in Auftrag gegeben; sie wurden 1813 bis 1817 unter der Federführung von Oberbaudirektor Friedrich Weinbrenner entworfen und nach Vorschlägen von Joseph Kayser bzw. Jakob Friedrich Dyckerhoff von Bildhauer Aloys Raufer gefertigt. Bereits die stattliche Anzahl der Beteiligten zeigt die Bedeutung, die man den beiden Brunnen schon beim Bau zuwies. Sie wurden 1949 restauriert und die Bassins 1965/66 noch einmal verändert.

Schauen wir uns die beiden „Brunnen-Zwillinge" etwas genauer an. Symmetrisch als relativ große runde Wasserbecken angelegt, findet sich jeweils in der Mitte auf einem mehrstufigen Sockel eine Skulptur mit drei Frauen, die über ihren Köpfen eine Schale halten. Aus ihr erhebt sich eine kleine Fontäne. Über den Schalenrand fließt das Wasser in das darunter liegende Becken.

Vielleicht war es diese Symbolik, die den Karlsruher Geschichtenerzähler schon früh an den beiden Brunnen faszinierte. Hier hat er das große Lebensthema des Ausgleichs vor Augen: ganz oben der kleine, aufsteigende „Sprudler", Lebensfreude symbolisierend, dann die Gegenbewegung, die man als ein Loslassen deuten kann und schließlich das „größere Ganze" des runden Wasserbeckens, in dem jede Auf- und Abwärtsbewegung schließlich zur Ruhe kommt.

Immer wenn sich der Erzähler auf die „Wasser-Spiele" der Najaden-Brunnen einlässt, ist er in kürzester Zeit bei sich angekommen und im Zustand innerer Gelöstheit. Als es möglich wurde, die Patenschaft für einen Karlsruher Brunnen zu übernehmen, war dann schnell klar: einer dieser Brunnen musste es sein – es wurde der Brunnen auf der Ostseite. Zu jeder Jahreszeit lohnt es sich, hier Einkehr zu halten – nur wenige Schritte von der lauten Stadtmitte entfernt. Im Frühjahr ist es das frische junge Grün der kleinen Parkanlage mit dem alten exotischen Baumbestand, das der Seele Flügel verleiht. An heißen Sommertagen findet man auf den am Brunnenrand aufgestellten Bänken immer ein schattiges Plätzchen. Im Herbst liegt der Karlsruher Geschichtenerzähler schon mal eine volle Stunde neben dem Brunnenrand und applaudiert den fallenden Blättern, wie sie sich in ihrer Flugkunst gegenseitig überbieten und ihren Spaß daran haben, auf der großen Wasserfläche des Brunnens „Schiffchen" zu spielen. Jedes Blatt ein Unikat, jedes Blatt ein Virtuose!

Eine besondere Erfahrung kann man im Winter machen. Am östlichen Najadenbrunnen wird das Beckenwasser nicht abgelassen und der Brunnen erscheint in der Dunkelheit wie ein großer Spiegel, in dem sich das Karlsruher Schloss in seiner ganzen Pracht entfaltet. Das Ganze ist dann ein bisschen so wie Weihnachten – und das jeden Abend. Höhepunkt ist aber die Zeit, in der das Wasser im Brunnenbecken gefroren ist und man übers Wasser laufen kann. Dann geht der Karlsruher Geschichtenerzähler aufs Eis, um den drei Najaden seine persönliche Aufwartung zu machen und er ihnen je eine rote Rose verehrt. Das tut er aber nie ohne Begleitperson, die vom Beckenrand aus auf ihn aufpasst.

Diese Sicherheitsmaßnahme hat auch mit den Najaden selbst zu tun. Najaden sind der griechischen Mythologie nach Nymphen, schöne junge Mädchen, die über Quellen, Bäche, Flüsse, Sümpfe, Teiche und Seen wachen. Sie waren entweder Töchter des Zeus oder des Okeanos. Trocknete das Gewässer einer Najade aus, so musste sie sterben. Das erklärt auch, warum jeder Najaden-Brunnen dringend einen Brunnenpaten braucht!

Die Najaden waren oft Objekte örtlicher Kulte, bei denen sie als Fruchtbarkeitsgöttinnen verehrt wurden. Ihren Gewässern wurde eine heilende Wirkung zugesprochen. Die Najaden tragen so schöne Namen wie Kastalia, Egeria, Leiriope oder Nomia. Und was ist die Lieblingsbeschäftigung der schönen jungen Mädchen? Singen, spielen und tanzen! Jetzt wird klar, warum das Badische Staatstheater gerne sein Theaterzelt neben dem Brunnen aufstellt – hier ist genau der Ort, mit musischen Kräften in Verbindung zu treten.

Aber Vorsicht! Es ist gefährlich, sich den Najaden zu nähern. Sie haben neben all ihrem Liebreiz auch eine unangenehme Eigenschaft: sie sind furchtbar eifersüchtig! Das musste einst auch Hylas erfahren, der schöne, jugendliche Freud des Herakles, der diesen bei seiner Suche nach dem goldenen Vlies begleitete. Dabei kamen die beiden auch an einem Quellteich vorbei und die dort lebenden Najaden verliebten sich sofort in den schönen jungen Mann. Weil sie sich nicht gleich über die Besitzverhältnisse einig waren, zogen sie den Hylas zur weiteren Klärung der Angelegenheit einfach in die Tiefe.

Hier verliert sich die Spur des antiken Hylas – keine gute Geschichte für den jungen Mann. Oder vielleicht doch? Als Geschichtenerzähler hat man so seine eigenen Quellen – und die berichten davon, dass es nach langem Ringen im Quellteich der Najaden doch noch eine einvernehmliche Lösung zwischen Mensch und Nymphen gegeben hat. Hylas wurde ein wichtiges Bindeglied zwischen Wasser- und Erdreich und seine eigene Symbolfigur: als Hydrant!

Karlsruher Loch

In Karlsruhe ist vieles Spitze, zum Beispiel der Turmberg und der Schloss-Turm. Nicht zu vergessen auch Dr. Frank Mentrup, unsere Rathaus-Spitze. Nun fragt man sich in der Stadt des Rechts natürlich auch nach dem ausgleichenden Element: dem Loch. Brauchen wir in Karlsruhe ein Loch? Wäre nicht schlecht, man kann aus so was Banalem wie einem Loch durchaus etwas machen. So hat sich die Lochmatt bei Herrischried im Südschwarzwald im Lauf der Zeit zu einem landschaftlichen Juwel entwickelt, aus Wiesloch heraus wirkt die SAP-Gruppe mit großem Erfolg und das Loch Ness in Schottland hat es mit einem Fabelwesen sogar zu Weltberühmtheit gebracht. Ungeheuer gut diese Geschichte.

Leider haben wir hier in Karlsruhe nur ein von Zeit zu Zeit auftauchendes Haushalts-Loch. Mit so einer Geschichte ist man aber nicht attraktiv. Sollen wir uns deshalb grämen? Mitnichten. In Karlsruhe hat man immer eine Option und deshalb sollte sich Karlsruhe darauf besinnen, was die Qualität eines Loches ausmacht: die Tiefe. Und da hat die Stadt viel zu bieten: zum Beispiel das wunderschöne Tiefgestade bei Daxlanden. Und auch der Wettergott meint es gut mit Karlsruhe, wenn er immer wieder mal die für unser Grün so wichtigen regenreichen Tiefausläufer aus Südwest schickt. Einen tiefen Einblick in die Karlsruher Stadtgeschichte erhält man, wenn man das Karlsruher Stadtarchiv in der Markgrafenstraße besucht. Und der Kulturteil der Badischen Neuesten Nachrichten hat manchmal sogar unergründliche Tiefe. Diese Stadt lässt wirklich tief blicken.

Eine ganz besondere Affinität zur Karlsruher Tiefe haben die 480 Mitarbeiter*innen des Karlsruher Tiefbauamtes unter der Leitung von Martin Kissel. Leider wird die Arbeit dieses Amtes viel zu wenig gewürdigt, vor allem wenn man weiß, welch grabende Rolle es in der Stadtgeschichte schon gespielt hat. Das Tiefbauamt blickt auf eine über 125 Jahre alte geschichtliche Entwicklung zurück. In dieser Zeit wurden immer wieder einzelne Aufgabenbereiche, wenn sie im Aufgabenumfang und im Personalbereich zu groß wurden, vom Tiefbauamt getrennt und zu neuen selbstständigen Ämtern erklärt. So gingen 1950 das Vermessungs- und Liegenschaftsamt, 1964 das Gartenbauamt und schließlich 1986 das Amt für Abfallwirtschaft jeweils durch Abtrennung aus dem Tiefbauamt hervor. Das Karlsruher Tiefbauamt erscheint in diesem Lichte wie eine gute Mutter, vor der wir uns in Dankbarkeit für ihre Dienste tief verneigen.

Heute erfüllt das Karlsruher Tiefbauamt wesentliche bautechnische Aufgabenbereiche, die allesamt für die Infrastruktur der Stadt von großer Bedeutung sind, u.a. Straßenwesen, Konstruktiver Ingenieurbau, Gewässer, sowie Stadtentwässerung und Abwasserreinigung. Diese Aufgaben meistert das Amt zu unserer großen Zufriedenheit. Um es einmal salopp zu formulieren: die Leute vom Karlsruher Tiefbauamt machen jedes Loch richtig auf und auch wieder richtig zu – so haben wir das gerne.

Leider hat sich das noch nicht bis in den Wildpark herumgesprochen, wo unser KSC immer wieder Löcher in der Abwehr hat und hinten den Laden nicht richtig dicht bekommt. Da ja auch noch nach vorn gespielt werden soll und jeder Spieler irgendwie auch ein Seelchen ist und persönliche Betreuung braucht, ist der Trainer alleine oft einfach überfordert. Warum hier nicht die kompetente Hilfe des Karlsruher Tiefbauamtes in Anspruch nehmen? Da könnten doch einfach ein paar Mann in orangefarbenem Schutzanzug neben dem Trainer sitzen und das Spiel begleiten. Das gibt diesem zum einen mehr Farbe. Und die Leute vom Tiefbauamt haben doch jeden Tag mit Löchern zu tun, die sehen sofort, wo sich beim KSC wieder mal in der Abwehr welche auftun. Kurzer Zuruf von der Bank – und schon ist die KSC-Hintermannschaft wieder in geschlossener Reihe. Nach vorn klappt die Sache ebenfalls; der Gegner hat ja auch jede Menge Löcher in der Abwehr. Kurzer Blick zum Mann in Orange – und schon kennt der KSC-Stürmer die Lücke, durch die er das entscheidende Tor macht. In der Folge gewinnt der KSC alle wichtigen Spiele und steigt in die 1. Bundesliga auf. Dort spielt er endlich, wo er hingehört, dem Karlsruher Tiefbauamt sei Dank!

Karlsruher Mephisto

Am 12. und 13. März 2011 weilte der Karlsruher Geschichtenerzähler in der alten Messestadt Leipzig. Hier befindet sich bekanntlich auch „Auerbachs Keller". Im „Faust" hat Johann Wolfgang von Goethe dieser historischen Räumlichkeit ein Denkmal gesetzt. Erinnern wir uns an jene tolldreisten Szenen, in denen Mephisto seine Späße mit rauflustigen Studenten treibt, bis diesen Hören und Sehen vergeht.

Am frühen Abend des 12. März besuchte der Karlsruher Geschichtenerzähler den berühmten Keller, bestaunte die Wandmalereien mit dem historischen Geschichtsstoff, der einst Goethe inspiriert hatte, und bestellte sich anschließend eine Rotwein-Schorle. Er hatte das Glas noch nicht an den Lippen, da öffnete sich die Eingangstür und ein Mann mit einem schwarzen Pudel an der kurzen Leine betrat den Gastraum. Ein schwarzer Pudel!

Der Geschichtenerzähler hätte vor Begeisterung laut schreien können! Fand er doch soeben eine alte Erzählerweisheit bestätigt: Schlechte Geschichten wiederholen sich so lange, bis sie jemand zu einem guten Ende bringt! Aber außer ihm konnte oder wollte in Auerbachs Keller niemand einen Zusammenhang zwischen dem gerade aufgetauchten Pudel und Mephisto erkennen – einen Zusammenhang, den der literarische Faust beim ersten Besuch Mephistos noch ganz intuitiv erfasst hatte: „Das also ist des Pudels Kern!"

Doch der kurz angeleinte Pudel in Auerbachs Keller zeigte sich völlig unbeeindruckt von historischen Zuschreibungen und lief am Erzähler vorbei, ohne ihn auch nur eines Blickes zu würdigen. Dieser aber war im selben Moment vom Geistesblitz getroffen und

fand unmittelbar zu der Erkenntnis, wie man mit einem Mephisto zurande kommt:
- Man darf ihn niemals frei herumlaufen lassen.
- Man muss ihn ständig im Auge behalten.
- Man muss ihn stets an die kurze Leine nehmen!

Ob dieser Erkenntnis war der Geschichtenerzähler an diesem Abend sehr mit sich zufrieden und wäre gerne gleich spontan ein paar Kilometer weiter nach Weimar gefahren, um diese Geschichte dort einem „großen Geist" zu erzählen. Nun haben grenzwertige Begegnungen bekanntlich immer auch ihren Preis. Im Falle der Begegnung des Karlsruher Geschichtenerzählers mit Mephisto in Auerbachs Keller war es die Rechnung, die ihm der Kellner anschließend servierte: Vier Euro zwanzig für ein Rotweinschorle! Zur Hölle mit diesen Preisen!

In Anbetracht des aber nicht unerheblichen Erkenntnisgewinns erschienen dem Erzähler die entstandenen Kosten aber letztlich doch noch irgendwie angemessen. Als er allerdings am 13. März abends nach Karlsruhe zurückkehrte und am Bahnhof sein dort verschlossen abgestelltes Fahrrad nicht mehr vorfand, wurde ihm das ganze Ausmaß von Mephistos „Quittung" offenbar. Und er erweiterte seine Erkenntnisse über den Umgang mit Mephisto um einen weiteren Punkt: Wenn Mephisto dumme Sachen macht, zum Beispiel ein Fahrrad klaut, dann muss man ihn auch mal einsperren – und zwar so lange, bis er zur Vernunft kommt!

Ein paar Tage lang war der Karlsruher Geschichtenerzähler ob des entwendeten Fahrrads in schlechter Stimmung. Schließlich fragte er sich, warum „Mephisto" ihm ausgerechnet das Fahrrad geklaut hatte. Wofür steht ein Fahrrad? Für Mobilität! Das machte den Diebstahl nun plötzlich verständlich. Nachdem Mephisto nicht einmal mehr in „seinem" Keller in Leipzig vor Enttarnung sicher sein konnte, versuchte er nun, die Beweglichkeit – und damit den Radius – des Karlsruher Geschichtenerzählers einzuschränken!

Der Teufel kann aber nur materiell schädigen und steht selbst in einem höheren Dienst. Er verrät es ja im „Faust": „Ich bin ein Teil von jener Kraft, die stets das Böse will und stets das Gute schafft". Nach 3 Tagen besaß der Erzähler ein neues Fahrrad der Firma „Victoria", Marke „Karlsruhe Sport". Und Victoria ist bekanntlich in der römischen Mythologie die Personifikation des Sieges! Die Angelegenheit versprach also noch interessant zu werden ....

Wochen später, am Nachmittag des 22. Mai 2011, stand der Karlsruher Geschichtenerzähler an seinem Bürofenster und versuchte noch einmal, sich aus der grenzwertigen Erfahrung in Auerbachs Keller und am Karlsruher Hauptbahnhof einen Reim zu machen. Dabei fiel sein Blick in den gegenüberliegenden Hof, dessen Torausfahrt mit einem schweren Rollgitter verschlossen war. Plötzlich hob sich das Gitter etwa 1 Meter in die Höhe und ein schwarzer Pudel eilte über den Hof auf das Gitter zu und unter ihm hindurch. Unmittelbar danach schloss sich das Gitter wieder. Sofort hatte der Karlsruher Geschichtenerzähler den Sinn-Zusammenhang hergestellt: Mephisto wollte sich in Karlsruhe persönlich davon überzeugen, wie es inzwischen um die Mobilität des Geschichtenerzählers bestellt sei. Auf dem Weg in den Gewerbehof, die Hochburg des Erzählers, führte ihn sein Weg auch am Bundesgerichtshof vorbei. Dort muss man ihn sofort erkannt und ihm unerschrocken, wie unsere Bundesrichter nun mal sind, die berühmte „Gretchenfrage" gestellt haben: „Nun sag, wie hast du's mit der Religion?"

Jetzt saß Mephisto in der Falle. In Karlsruhe ist lügen nämlich zwecklos – in der Residenz des Rechts kommt am Ende alles ans Licht. In Karlsruhe muss man die Wahrheit sagen. Wenn Mephisto aber eines hasst, dann ist es die Wahrheit. Er bringt sie nicht über die Lippen, schon gar nicht bei der Gretchen-Frage. Da ist der Hund doch gleich lieber freiwillig hinter Gitter gegangen!

Karlsruher Rettungsschirm

Alle Welt spricht in dieser Zeit von „Rettungs-Schirmen". Mag sein, dass diese Schirme uns vor dem finanziellen Ruin schützen – aber retten sie auch unsere geistigen Werte? Eher nicht. Deshalb hat der Karlsruher Geschichtenerzähler unter tatkräftiger Mithilfe von Joachim Faber, Erol Alexander Weiß und Dr. Albert Käuflein einen „Karlsruher Rettungs-Schirm" entwickelt; einen Schirm, von dem man ablesen kann, was im Leben wirklich wichtig ist und was es im Notfall auch „zu retten" gilt – Werte wie Liebe, Freundschaft, Bildung, Kultur und natürlich „Fidelitas" – jenen Wert, den Markgraf Karl Wilhelm von Baden-Durlach uns bei der Stadtgründung von Karlsruhe besonders ans Herz gelegt hat: Treue…

Die Abbildung zeigt die Übergabe des „Karlsruher Rettungsschirms" an den Karlsruher OB Dr. Frank Mentrup. Wenn es ihm mal nicht gut geht, kann das Stadtoberhaupt den Schirm mit geschlossenen Augen drehen – es wird immer etwas Gutes dabei herauskommen.

Foto: Roland Fränkle

Karlsruher Platz-Halter

Wer behauptet, dass es die Stadt Bielefeld tatsächlich gibt, ist fremdgesteuert! Das ist die Quintessenz der „Bielefeldverschwörung", jener Verschwörungstheorie, die in den Anfängen der 80er Jahre des letzten Jahrhunderts aufkam und die bis heute an Attraktivität nichts verloren hat. Selbst die Bundeskanzlerin ist inzwischen verunsichert. Bei der Verleihung des Deutschen Sozialpreises im November 2012 erwähnte sie in einem Gespräch auch Bielefeld mit der Einschränkung „... so es denn existiert." Der Karlsruher Geschichtenerzähler weiß bei dieser Geschichte nicht, ob er lachen oder heulen soll. Er war selbst noch nie in Bielefeld, ist also selbst ein vortreffliches Ziel für alle Anhänger der Bielefeldverschwörung, die um ihre Theorie herum eine in sich geschlossene Argumentationskette aufgebaut haben. Auf der anderen Seite kennt der Geschichtenerzähler Menschen, die absolut vertrauenswürdig sind und die ihm bestätigen, dass an der Geschichte nichts, aber auch wirklich nichts dran sei. Der Erzähler hat in seinem Leben gelernt, dass es ohne Vertrauen nicht geht und kommt zu dem Schluss, dass Bielefeld tatsächlich existiert. Und er will der hin- und hergerissenen Stadt helfen, die Verschwörungsgeschichte in ihr Marketing-Konzept einzubauen. Der Vorteil der Verneinung: weil man selbst nicht ist, kann man sich aus allem heraushalten. Der Nachteil: man kann sich dann aber auch in nichts mehr einmischen. Das wäre aber zum Beispiel in der Heimatstadt des Mischkonzerns Dr. Oetker mehr als fatal ....

Der Geschichtenerzähler will Bielefeld aus der Zwickmühle helfen. Seine eigene Heimatstadt ist der richtige Platz dafür, hat Karlsruhe doch selbst Erfahrungen mit einer Verschwörungstheorie, der Geschichte von Kaspar Hauser, dem Findling von Nürnberg, nach der Erbprinzentheorie der letzte Zähringer im Mannesstamme aus dem Hause Baden.

In diesem Falle bietet sich nach Meinung des Karlsruher Erzählers eine Kombi-Lösung an, damit haben die Karlsruher bereits Erfahrung. Und diese elegante Lösung könnte wie folgt aussehen: Bielefeld geht weiterspielerisch mit der Geschichte von der Bielefeldverschwörung um. Gleichzeitig gibt Bielefeld seinen Bürgerinnen und Bürgern Sicherheit indem sie das Angebot annimmt, auf Karlsruher Gemarkung ein real existierendes Bielefeld auszuweisen.

Dem Karlsruher Erzähler schwebt vor, dieses Feld im Gewann „Karlsruher Hintergrund" zu verorten. Schon lange macht er sich Gedanken darüber, wie dieses Gewann zwischen Karlsruhe-Durlach und Karlsruhe-Hohenwettersbach in der Öffentlichkeit besser dargestellt werden könnte. Momentan besteht der Karlsruher Hintergrund nämlich aus Grünfläche; bei aller Liebe zum Grünen ein bisschen wenig für eine europäische Kulturstadt. In einem ersten Schritt wird der Erzähler den baden-württembergischen Ministerpräsidenten Winfried Kretschmann bitten, die Patenschaft für das Projekt „Karlsruher Bielefeld" zu übernehmen. Er wird ihn um ein Win-Win-Spiel bitten – ein Spiel bei dem alle Beteiligten nur gewinnen. Der grüne Ministerpräsident hat seine Hausfarbe im Karlsruher Hintergrund verewigt und Karlsruhe könnte den Bielefelder Bürgerinnen und Bürgern glaubhaft versichern, dass man der Stadt auf immer und ewig „grün" ist. Der Karlsruher Geschichtenerzähler ist sich sicher: Das Bielefeld im Karlsruher Hintergrund wird der Renner. Wo bislang noch niemals ein Tourist freiwillig seinen Fuß hingesetzt hat, wird sich künftig am Bielefeld-Tag der Stadt Karlsruhe halb Ostwestfalen (aus Solidarität bestimmt auch halb Westwestfalen) versammeln; die Presse wird europaweit berichten: Karlsruhe hat's wieder einmal gerichtet! Auf Anregung des Geschichtenerzählers wird die dankbare Stadt Bielefeld ebenfalls jährlich ein Fest ausrichten: einen Karlsruhe-Tag. An diesem Tag wird von Oberbürgermeister Pit Clausen der Ehrentitel „ungläubiger Thomas" verliehen; Bundeskanzlerin Angela Merkel muss aufpassen, dass sie nicht die erste Preisträgerin wird. Als Termin für den Karlsruhe-Tag bietet sich der 12. Mai an. An diesen Tag können wir gleichzeitig den Geburtstag des Bielefelder Oberbürgermeisters feiern und uns an den Todestag des Gründers von Karlsruhe, Markgraf Karl Wilhelm von Baden-Durlach, erinnern. Diese Zusammenlegung wäre sicher ganz im Sinne des badischen Markgrafen, der stets bei allem gespart hat, nur nicht bei der Liebe. Einen kleinen bescheidenen Lohn erbittet sich der Karlsruher Geschichtenerzähler von seinem Oberbürgermeister Dr. Frank Mentrup. Der Erzähler kommt aus dem ländlich geprägten Freiburg-St. Georgen und wäre für sein Leben dort gerne Feldhüter geworden. Vielleicht wäre es ja möglich, ihn im Karlsruher Hintergrund als Bielefeldhüter anzustellen? Was im Karlsruher Hintergrund abläuft, ist ihm wichtig. Und was da hingehört: Bielefeld. Und die gute Geschichte seiner eigenen Stadt. Da liegt aber noch ein dunkler Schatten auf dem sonnengefluteten Grün. Und dieser Schatten ist die ungeklärte Geschichte von Kaspar Hauser. Was Karlsruhe für Andere sucht, soll sie auch unerschrocken bei sich selbst suchen, die Wahrheit. Verschwörungstheorien wie die von Bielefeld oder Kaspar Hauser lösen sich im Licht der Wahrheit in nichts auf. Bielefeld ist inzwischen auf der sicheren Seite, jetzt kommt Kaspar Hauser dran. Und wo die einen sagen, „es ist unmöglich, dass man diesen Fall auch nach 200 Jahren noch lösen kann", verweist der Karlsruher Geschichtenerzähler auf einen „Platzhalter" für Kaspar Hauser, den er beim ersten Bielefeld-Tag im Karlsruher Hintergrund zusammen mit dem Bielefelder Oberbürgermeister in den Boden stecken wird und der die Aufschrift trägt: Gibt's nicht gibt's nicht!

Karlsruher Schönheits-Wettbewerb

Schön ist der Karlsruher Stadtgarten eigentlich das ganze Jahr über; am schönsten ist er aber wenn die Rosen blühen. Eine ähnliche Einschätzung scheinen auch die Verantwortlichen im Karlsruher Rathaus sowie der aus Dortmund stammende ehemalige Gartenbauamtschef Helmut Kern zu teilen und hofieren die Rose, die „Königin der Blumen", in einem eigenen Rosengarten – zu unser aller Freude.

Auf der Internet-Seite der Stadt Karlsruhe lesen wir: Der Ursprung des Rosengartens im Karlsruher Stadtgarten geht auf das 19. Jahrhundert zurück. Im Jahre 1899 wurde ein Rosarium angelegt, finanziert durch eine Stiftung Karlsruher Bürgerinnen. Nach mehreren Erweiterungen erhielt der Rosengarten zur Bundesgartenschau 1967 seine heutige Gestalt. Er wurde offener und mit einer Grundstruktur angelegt, die dem Fächergrundriss der Stadt nachempfunden ist. Die Flächen für die Präsentation der inzwischen über 170 Rosensorten, oft in beispielhafter Kombination mit anderen Stauden und blühenden Gehölzen, wurden zu einem großen Wandelgarten zusammengelegt. Ein reiches Angebot an Stühlen und Liegen erlaubt den Rosenfreundinnen und Rosenfreunden Ruhepausen inmitten des blühenden Umfeldes.

Dem kann der Karlsruher Geschichtenerzähler nur zustimmen und empfiehlt seinen Leserinnen und Lesern einen Besuch des Rosengartens auf das wärmste. Vielleicht machen auch Sie eine Erfahrung, die den Erzähler gerade bei seinen regelmäßigen Besuchen umtreibt: Jede der Rosen will die Schönste sein: „Amadeus", „Aachener Dom", „Konrad Adenauer", „Miss Schweiz", „Schloss

Mannheim" und wie sie alle heißen – oder ganz unverblümt „Erotika", „Lavaglut" oder „Flammentanz". Wer ist die Schönste im ganzen Land? Wie soll man das entscheiden? Jede Rose hat doch Recht, vor allem in dieser Stadt!

Letztlich will der Wettbewerb zwischen der Rose „Dortmund" und der Rose „Karlsruhe" entschieden sein. „Karlsruhe" oder „Dortmund"? Der Karlsruher Geschichtenerzähler meint: „Dortmund" steht schöner da, „Karlsruhe" kann besser klettern. Und schließlich kommt er dann doch noch zu einer salomonischen Entscheidung: „Dortmund" ist die Schönste von Deutschland. Und „Karlsruhe"?

Ist die Schönste im Karlsruher Stadtgarten....

Karlsruher Seufzer-Brücke

Hochzeiten im Karlsruher Rheinhafen in einer echten venezianischen Gondel – warum auch nicht? Karlsruhe kann man jeden Tag neu erfinden, glaubt der Karlsruher Geschichtenerzähler. Nun macht sich der Ideengeber der Gondelhochzeiten und selbst am Rheinhafen lebende Künstler Bert E. A. Klag aber berechtigte Sorgen, wie ein solches Projekt, das als Erstinvestition schon einmal eine 50.000 Euro teure Gondel erfordert, Sinn macht. Da klafft doch ein großes Loch zwischen Kosten und der Nachfrage, denn nur etwa 150 deutsche heiratswillige Paare zieht es derzeit jährlich zur Hochzeitsreise nach Venedig auf die italienischen „Schaukelstühle".

Bert E. Klag muss also über die Kernzielgruppe hinausdenken. Das ist gar nicht so schwer, wie es zunächst aussieht. Es muss sich nämlich nur die alte Erzählerweisheit herumsprechen, dass Männer ihre Frauen und Frauen ihre Männer symbolisch jeden Tag neu heiraten sollten – da wird dann jeder Tag zum Fest und wenn man das täglich abgegebene Liebesversprechen ernst meint, bleibt die Beziehung auch ein „ewiger Tanz"! Vielleicht gibt es für so eine schöne Geschichte ja sogar Zuschüsse vom Familienministerium. Beim Ambiente des Rheinhafens – „Lärmkulisse des 21. Jahrhunderts, malerische Schrotthalden und rabenschwarze Kohlehalden" wie der Künstler selbstkritisch aufführt – sollte man tatsächlich noch etwas nachlegen, aber auch das kostet nur Gehirnschmalz. So könnte man das Hafensperrtor einfach in „Seufzerbrücke" umbenennen. Das ist nicht einmal gelogen, denn wer schon mal mit dem Fahrrad von der einen Seite zur anderen wollte und dabei die steilen Treppen überwinden musste, ist im Seufzen geübt.

Karlsruher „Spielvereinigung Hirschbrücke"

Die Karlsruher Südweststadt hat alles, was sie zu einem liebenswerten städtischen Quartier macht: ein angenehmes Wohn- und Arbeits-Umfeld, gut funktionierende Netzwerke, kurze Wege zwischen den Menschen, eine kreative Kunst- und Kulturszene und nicht zuletzt einen wachen Bürgerverein, der sich umgehend kümmert, sobald es irgendwo Kummer gibt. Leider fehlt der Südweststadt ein Spiel- und Sportverein. Das ist bedauerlich, denn wie wir schon von Friedrich Schiller wissen, ist der Mensch nur dort ganz Mensch, wo er spielt. Der Karlsruher Geschichtenerzähler regt deshalb an, bürger-initiativ zu werden und die Sport- und Spielkultur unserer Stadt mit dem 1. Spiel- und Sportverein der Südweststadt zu verstärken, der „Spielvereinigung Hirschbrücke".

Lassen wir zunächst einmal die Fußball-Abteilung der Männer sich spielerisch vor unserem inneren Auge aufstellen: Die „Spielvereinigung Hirschbrücke" trägt nur Freundschaftsspiele aus. Deshalb können auch Spieler mitwirken, die bereits bei anderen Vereinen gemeldet sind. Das Auswahlverfahren ist denkbar einfach: für die „Spielvereinigung Hirschbrücke" darf spielen, wer mit der Hirschbrücke verbunden ist. Das ist in Europa grundsätzlich jeder – auf die Hirschbrücke läuft letztlich jede Straße zu, man muss es nur so sehen wollen. Deshalb kann die „Spielvereinigung Hirschbrücke" mit den besten Spielern Europas gemeinsame Sache machen – welcher andere Verein kann das schon?

Wir investieren in das „Prinzip Hoffnung" und fragen zunächst einmal die komplette Bundesliga-Mannschaft des KSC. Wir hoffen zuversichtlich, dass der in der Südweststadt lebende KSC-Präsident

Ingo Wellenreuther bei dieser Charme-Offensive für den Karlsruher Sport mitspielt. Wer gibt, dem wird gegeben, und Ingo Wellenreuther wird Ehrenspielführer der Mannschaft. Nachdem der Ehrenspielführer der deutschen Nationalmannschaft Uwe Seeler vom Hamburger SV immer noch nicht den richtigen Verein für eine Ehrenpräsidentschaft gefunden hat, wird ihm diese von der „Spielvereinigung Hirschbrücke" angetragen. „Uns Uwe" für unsere Spielvereinigung von der Hirschbrücke – das wird sich bis nach Hamburg herumsprechen und hoffentlich dort zum Nachdenken anregen.

So ist die „Spielvereinigung Hirschbrücke" bereits vor dem ersten Ballwechsel hervorragend aufgestellt. Neugierig geworden, was da gerade in Karlsruhe passiert, finden auch „alte Verwandte und Bekannte" den Weg nach Karlsruhe zurück: Oliver Kahn, Mehmet Scholl, Michael Tarnat, Winfried Schäfer. Die „Spielvereinigung Hirschbrücke" hat ein großes Herz und freut sich über die Heimkehr jedes verlorenen Sohnes…

Das erste Spiel findet am 4. Juli 2019 statt; Austragungsort ist das Kaspar-Hauser-im-Wildpark-Stadion. Nachdem das Geheimnis um den badischen Erbprinzen aus dem Karlsruher Schloss durch eine inzwischen auch vom Hause Baden unterstützte DNA-Analyse endlich geklärt werden konnte und es sich herumgesprochen hat, dass man mit Kaspar Hauser letztlich nur gewinnen kann, haben Stadtverwaltung und KSC-Vereinsführung auf Vorschlag des Karlsruher Geschichtenerzählers einer Umbenennung des Wildparkstadions zugestimmt und mit dem originellen Namen eine weitere der in Karlsruhe so beliebten Kombi-Lösungen in die Praxis umgesetzt. Gegner der „Spielvereinigung Hirschbrücke" ist eine badische Weltauswahl.

Es ist kein Problem, diese Weltauswahl aufzustellen! Wenn wir die badischen Fußballvereine nach Spielern aus anderen Nationen untersuchen, werden wir sehr schnell feststellen: „In Baden ist die Welt zuhause". Die Patenschaft über die badische Weltauswahl übernimmt SKH Bernhard Prinz von Baden – hier geht es um Landesehre im größeren Zusammenhang!

Die „Spielvereinigung Hirschbrücke" wird von Steffen L. Herberger betreut, Steffen L. ist der 2. Vorsitzende des Karlsruher FV und Neffe des unvergessenen ehemaligen deutschen Bundestrainers Sepp Herberger.

Der Spieltag 4. Juli erinnert an ein bedeutendes Spiel in der deutschen Fußball-Geschichte: das WM-Finale Deutschland gegen Ungarn am 4. Juli 1954 im Berner Wankdorfstadion. Damals gelang Deutschland unter Sepp Herberger nach einem 0:2 Rückstand noch der Ausgleich und schließlich durch einen beherzten Linksschuss von Helmut Rahn in der 84. Spielminute der vielbejubelte Siegtreffer zum 3:2. Die Sensation war perfekt und Deutschland Fußball-Weltmeister!

Nach dem Spiel ist vor dem Spiel: Werfen wir schon einmal einen visionären Blick auf das ganz große Spiel vom 4. Juli 2019: Der Karlsruher Geschichtenerzähler erfüllt sich einen Kindheitstraum und schlüpft als Fußballreporter in die Rolle von Herbert Zimmermann, der „Stimme von Bern". Das Spiel wird weltweit übertragen, das Kaspar-Hauser-im-Wildpark-Stadion ist seit Monaten ausverkauft. Für die „Spielvereinigung Hirschbrücke" spielen fast ausnahmslos Spieler des KSC, der ein paar Tage zuvor in die 2. Bundesliga aufgestiegen ist. Die Spielvereinigung ist durch den Offensiv-Verteidiger Marcel Schäfer von den Tampa Bay Rowdies und durch den reaktivierten deutschen Fußballer des Jahres 1987, Uwe Rahn, verstärkt.

Das Spiel beginnt für die 11 Freunde der „Spielvereinigung Hirschbrücke" mit einer mittleren Katastrophe; die Mannschaft ist viel zu verspielt um den Ball nach vorn zu bringen und liegt gegen die badische Weltauswahl schon nach wenigen Minuten mit 0:2

Toren im Rückstand. Durch den Weckruf „Kopf hoch Jungs!" von Ehrenpräsident Uwe Seeler vom Spielfeldrand aus findet die Mannschaft dann endlich zu ihrer wahren Größe und kann noch vor der Pause zum 2:2 ausgleichen; das Kaspar-Hauser-im-Wildpark-Stadion ist außer Rand und Band...

Dann die 84. Spielminute, Originalton Karlsruher Geschichtenerzähler alias Herbert Zimmermann:

„Sechs Minuten noch im Karlsruher Kaspar-Hauser-im-Wildpark-Stadion. Keiner wankt. Der Regen prasselt unaufhörlich hernieder. Jetzt die Spielvereinigung Hirschbrücke am linken Flügel – durch Schäfer, Schäfer nach innen geflankt – Kopfball – abgewehrt – aus dem Hintergrund müsste Rahn schießen – Rahn schießt! – Tooooor! Tooooor! Tooooor! Tooooor!

Es steht 3:2 für die „Spielvereinigung Hirschbrücke". Alle Funknetze brechen zusammen. Das Kaspar-Hauser-im-Wildpark-Stadion steht Kopf und braucht eine kleine Ewigkeit, bis es wieder auf die Füße kommt.... 6 Minuten später: Schlusspfiff!

„Aus! Aus! Aus! – Aus! Das Spiel ist aus!"

Der Jubel ist grenzenlos und selbst im benachbarten Württemberg klirren die Gläser in den Kneipen. Bereits im ersten Spiel ihrer Vereinsgeschichte hat die „Spielvereinigung Hirschbrücke" eine Weltauswahl mit 3:2 Toren bezwungen. Auch Prinz Bernhard von Baden – und mit ihm die gesamte badische Weltauswahl – sind von dieser Bravourleistung begeistert und werden spontan Mitglied der Spielvereinigung. Trainer Herberger wird von seinen Spielern auf Händen vom Platz getragen. Der Karlsruher Geschichtenerzähler hat Erzählstoff für den Rest seines Lebens....

Jetzt wird in Karlsruhe richtig gefeiert. Für einige Zeit war das traditionelle Hirschbrückenfest von der Bildfläche verschwunden – nun kehrt es wie ein „Phönix aus der Asche" in die Südweststadt zurück. Der Karlsruher Gemeinderat setzt ein Zeichen und verabschiedet in einer Sondersitzung einstimmig den neuen Werbeslogan der Stadt: Wir sind Spielvereinigung! Wir sind Hirschbrücke!

„Aus! Aus! Aus! – Aus! Das Spiel ist aus!

Schweizer Höhen und Tiefen

Bei einer seiner geschichtlichen Grabungen stieß der Karlsruher Geschichtenerzähler auf ein folgenreiches Ereignis in den Tiefen der europäischen Völkergeschichte: auf die „Schlacht von Zülpich" im Jahr 496. Bei dieser Schlacht in der Nähe von Köln wurden die Alemannen von den Franken vernichtend geschlagen und nach Süden abgedrängt. Nun folgte das 1. europäisches Domino-Spiel. Denn die zurückgeworfenen Alemannen drängten nun ihrerseits die völlig überraschten Schweizer nach Süden ab. Dort standen aber die Italiener. Und die wollten kein Domino spielen – und schon gar nicht Platz machen. Doch was passiert, wenn Kräfte aufeinander prallen, die sich auf der Fläche nicht mehr ausdehnen können? Sie entwickeln sich nach oben. So entstanden die Alpen!

Als nun die Schweizer sahen, was sie angerichtet hatten, wichen sie entsetzt zurück. An dieser Stelle entstanden nun ein großes und mehrere kleine Löcher – der Genfer See und die gesamte Schweizerische Seenplatte. So entstanden die Schweizer Tiefen!

Jetzt setzte sich das Dominospiel in Gegenrichtung fort: Die Schweizer warfen die Alemannen wieder nach Norden zurück und diese wiederum die Franken, sodass am Ende wieder alles so war, wie vor der Schlacht von Zülpich.

Da kommt ja gleich die Vermutung auf, dass man sich das ganze Spiel hätte sparen können. Aber nein! Dann wäre die Schweiz ja nicht zu ihren Höhen und Tiefen gekommen! Und aus Dankbarkeit widmeten die Eidgenossen den eigentlich Verantwortlichen in dieser Geschichte ein weltbekanntes Denkmal – ihre Währung:

Franken! Schweizer Franken!

Karlsruher Friedens-Gleichung

Am 21. September des Jahres feiern wir den „Internationalen Tag des Friedens" der Vereinten Nationen. Die meisten von uns hoffen an diesem Tag sehnlichst, dass in nicht allzu ferner Zukunft jedwede feindliche Auseinandersetzung durch die Einsicht in die Notwendigkeit eines einvernehmlichen Miteinanders der Völker „erlöst" werden kann. Für das Erreichen dieses Zieles wäre eine Art „Friedens-Gleichung" zur Erlangung von innerem und äußerem Frieden hilfreich. Hier ein ganz persönlicher Gleichungs-Vorschlag des Karlsruher Geschichtenerzählers:

Friede = ???!

Der Erzähler wagt sich aus der Deckung, nimmt allen Mut zusammen und stellt sich drei grundlegende Fragen:
1. Mit wem habe ich noch eine „offene Rechnung"?
2. Wer könnte mit mir noch eine „offene Rechnung" haben?
3. Was kann ich noch heute dafür tun, dass beide Konten ausgeglichen sind?

Frieden fängt damit an, dass ich ihn zunächst einmal bei mir selbst suche. Ausrufezeichen

Liebe Leserin und lieber Leser, wie denken Sie über diese Friedens-Gleichung? Lassen Sie es mich wissen: manfred.boegle@wirkstatt.com.

Karlsruher Unschuld

Wie die Badischen Neuesten Nachrichten am 20. März 2007 (Weltgeschichtentag!) berichteten, hat die dritte Kammer des Verwaltungsgerichts Karlsruhe entschieden, dass eine von der Polizei beschlagnahmte und von der Stadt Karlsruhe eingezogene, knapp 2 Meter lange Kaiserboa (Boa Constrictor Imperator) dem Eigentümer nicht zurückgegeben werden muss. Der Kläger hat zudem die Kosten zu tragen, die für die „behördliche Unterbringung" der Schlange im Karlsruher Naturkundemuseum entstanden sind. Die Kammer unterstrich in ihrem Urteil, dass der Besitz einer Kaiserboa als besonders geschützte Art im Sinne des Bundesnaturschutzgesetzes grundsätzlich verboten ist. Der Eigentümer hatte sich mit der Boa in der Öffentlichkeit gezeigt.

Die Stadt Karlsruhe, Residenz des Rechts, sollte der Schlange im Nachhinein und stellvertretend für alle Schlangen der Welt den Prozess machen, meint der Karlsruher Geschichtenerzähler. Dieser Prozess könnte endlich klären, inwieweit die Schlange in der Kulturgeschichte der Menschheit Schuld auf sich geladen hat. Die Vorgänge im biblischen Garten Eden mit der darauf folgenden Vertreibung aus dem Paradiesgarten hatten bekanntlich dazu geführt, dass sich die guten Beziehungen zwischen „Gott und der Welt" nachhaltig verschlechterten. Keine gute Geschichte.

Wenn in Karlsruhe die zentrale Schuldfrage der Erbsünde untersucht und dadurch die älteste Erb-Auseinandersetzung überhaupt beigelegt werden könnte, hätte die Stadt beste Aussichten auf den Titel „Weltkulturerbe" und käme aus den positiven Schlagzeilen nicht mehr heraus. Der Prozess selbst sollte vor dem Bundesverfassungsgericht stattfinden. Das ist stimmig, da es ja letztlich darum geht, die „Gott-Mensch-Natur-Beziehung" wieder in eine gute Verfassung zu bringen und den alten „Bund" wiederherzustellen. Der Fall der offensichtlich nicht artgerecht gehaltenen Karlsruher Kaiserboa erscheint auch dem juristischen Laien sonnenklar.

Nach einem kurzen Prozess kann das Urteil eigentlich nur lauten: Freispruch für die Schlange!

Es ist zu vermuten, dass in der mit Spannung erwarteten Pressekonferenz der Direktor des Bundesverfassungsgerichts zum Prozessausgang persönlich Stellung nimmt. Wo wir Andere einfach nur sprachlos vermuten, trauen wir dem Direktor die deutlichen Worte zu:

„Die Schlange ist unschuldig, sie hat kein Problem mit dem Menschen. Schuldig ist der Mensch, der es nicht versteht, mit der Schlange richtig umzugehen. Diese Erkenntnis macht nun endlich den Weg frei in ein Paradies, das die ganze Schöpfung wieder vereint. Die Verantwortung für diesen Weg ist dem Menschen übertragen. Mit dem Freispruch der Schlange ist aber auch klar, dass wir beim Thema Verantwortung nicht immer wieder ‚bei Adam und Eva' neu anfangen müssen!"

Als Zeichen der Wiedergutmachung darf dann die unschuldige Kaiserboa vom Naturkundemuseum ins Rechtshistorische Museum im Bundesgerichtshof übersiedeln. Das Rechtshistorische Museum ist genau der richtige Platz für sie, denn bei Dr. Detlev Fischer, dem Leiter des Museums, kommt nicht nur die Geschichte von der missbrauchten Schlange zur Sprache, sondern auch das Lieblose als das „eigentliche Böse".

Karlsruher Ursprungs-Mythen

Der Begriff „Mythos" kommt aus dem Griechischen und bedeutet Rede, Erzählung oder auch „sagenhafte Geschichte". Sprechen wir im Alltag von einem „Mythos", meinen wir damit oft etwas Erfundenes oder gar Falsches. Positiv verwendet wird der Begriff, wenn wir berühmte Persönlichkeiten oder sagenumwobene Geschichten oder Phänomene hervorheben wollen: dann sprechen wir zum Beispiel vom „Mythos Nibelungenlied" oder vom „Mythos Karlsruhe". Der Karlsruher Gründungs-Mythos ist landläufig bekannt. Es ist die Geschichte von Markgraf Karl Wilhelm von Baden-Durlach, der bei einem Ausritt in den Hardtwald unter einer Eiche einschlief und träumte, er solle an dieser Stelle eine „sonnengleiche" Stadt bauen.

Ein anderer Karlsruher Mythos ist weit weniger bekannt, aber nicht minder spektakulär. Es ist der Mythos von Karlsruhe als „Spiegel" der antiken griechischen Stadt Delphi. Um dies zu verstehen lädt der Karlsruher Geschichtenerzähler zu einem gedanklichen Ausflug in die griechische Welt der Mythen ein. Dort gebietet Göttervater Zeus seinem Sohn Apollon, in Delphi zu regieren und einen Tempel zu errichten. In Delphi stellt sich Apollon jedoch ein Ungeheuer in den Weg, die Schlange Python. Der junge Gott tötet die Schlange, zieht aber wegen des Mordes den Zorn seines Vaters auf sich. Apollon muss sich für eine zweijährige Sühnezeit nach Samos zurückziehen, kehrt dann nach Delphi zurück, macht den Python wieder lebendig und führt ihn als Orakel in die europäische Kulturgeschichte ein.

Die Sühne hat Apollon gut getan und er beschließt, künftig drei Viertel des Jahres in Delphi zu leben und die restliche Zeit in Samos zu verbringen. In dieser Zeit kommt Apollons göttlicher Gegenspieler, Dionysos, aus dem Parnass-Gebirge und regiert Delphi. Unterschiedlicher könnten die Charaktere der beiden Götter nicht sein: Auf der einen Seite der lichtvolle Apollon mit seinen Aspekten der Kultur, der Heilkunst und des Maßvollen – auf der anderen Seite der „dunkle" Dionysos mit seinen Aspekten Natur, Vitalität und Maßlosigkeit. Aber wo beide Kräfte nebeneinander Bestand haben und sich nicht bekriegen, da ist Kraft! Und deshalb erscheinen in Delphi die Musen, erscheint die Kunst!

Was hat das nun alles mit Karlsruhe zu tun? Die Antwort liefert uns Stadtgründer Karl Wilhelm von Baden-Durlach. Er folgte einem Traum und setzte am 17. Juni 1715 ein Sonnenzeichen in den dunklen Hardtwald: einen Schlossturm. 32 Radialstrahlen führen vom Turm weg bzw. zu ihm hin und gliedern das Gebiet in einen „dionysischen", nördlichen (Wald) und einen „apollinischen", südlichen Teil (Stadt). Nach der Theorie des Karlsruher Geschichtenerzählers müssten an der Schnittstelle besondere „musische" Kräfte wirken. Und das ist tatsächlich so. Wie die Perlen an der Schnur reihen sie sich an der „Power-Linie" um den Karlsruher Schlossplatz: Badischer Kunstverein, Staatliche Kunsthalle, Botanischer Garten, Johann-Peter-Hebel-Denkmal, Badisches Landesmuseum, mythologischer Skulpturenpark des Ignaz Lengelacher, Amt „Vermögen und Bau" Baden-Württemberg, KIT, Zentroid der Stadt Karlsruhe…

Berechtigte Frage: Spiegelt sich denn am Karlsruher Schlossplatz auch eine delphische Pythia? Halten wir gemeinsam danach Ausschau – und vergessen wir bei der Suche nach „verschlüsselten Botschaften" auch unser Bundesverfassungsgericht nicht…

Karlsruher Wahl-Ergebnis

Im Jahr 2015 ging ein langgehegter Wunsch vieler Karlsruher Bürgerinnen und Bürger in Erfüllung: Der Zoologische Stadtgarten erhielt ein Exotenhaus. Hier leben inzwischen rund 2.000 Tiere in fast 100 Arten – Säugetiere, Vögel, Reptilien, Amphibien und Fische. Jetzt kann das Exotenhaus ein Besuchermagnet werden, hofft der Karlsruher Geschichtenerzähler und bringt zunächst einmal in Erfahrung, was „Exoten" überhaupt sind. Und erfährt, dass neben besonderen Pflanzen und Tieren auch „außergewöhnliche" und manchmal auch „fremd anmutende Menschen" mit diesem Begriff belegt sind.

Da wir in Karlsruhe nichts ausgrenzen und immer zu integrieren bereit sind, geht der Erzähler davon aus, dass das Exotenhaus neben Pflanzen und Tieren künftig auch Menschen mit entsprechendem Profil aufnimmt. Sie könnten im Karlsruher Exotenhaus eine „zweite Heimat" finden. Wer wären aber nun die Adressaten? „Außergewöhnlich" und für den Normalbürger in ihrer Besonderheit oft auch „fremd anmutend" sind zum Beispiel freiwillige Komiker, Schauspieler, Künstler oder Kabarettisten. Da gibt es ja bekanntlich in Karlsruhe ein paar ganz große Namen…

„Stellen wir unser Licht nicht unter den Karlsruher Scheffel" meint der Karlsruher Geschichtenerzähler und stellt die These auf, dass in jedem von uns ein Exot schlummert. Alle Menschen sind im Grunde einzigartig! Und wir kennen doch selbst bei Nahestehenden das Phänomen, dass sie uns bisweilen fremd sind – vor allem dann, wenn sie nicht unsere eigenen Ansichten teilen…

Der Geschichtenerzähler ist bereit, seine These zu belegen und schlägt einen Test vor: Im Exotenhaus hat jeder Besucher die freie

Wahl beim Eintrittspreis. Es gibt einen Normal-Preis und einen Preis für Exoten. Der Preis für Exoten ist um 1 Euro günstiger als der Normal-Preis.

Und jetzt schauen wir mal auf das Karlsruher Wahl-Ergebnis…

Karlsruher Werbe-Strategie

Karlsruhe ist mit seinen zahlreichen Leuchttürmen in Wirtschaft, Kultur und Recht eine Stadt mit großer Strahlkraft. Leider findet ein besonderes „Karlsruher Licht" viel zu wenig Aufmerksamkeit – es ist das Ur-Licht der Stadt, die vom Schlossturm aus verlaufenden 32 Radialstrahlen. Erinnern wir uns: Am 17. Juni 1715 legte Markgraf Karl Wilhelm von Baden-Durlach den Grundstein für seine neue Residenz. Der Grundriss der neuen Schlossanlage zeigt einen Zirkel in einem „Sonnenfächer" von 32 Strahlen. Vom Zentrum, dem Schlossturm aus gesehen, bilden die neun südlichen Strahlen Gassen der neuen Stadt. Die nördlichen 23 Schlossstrahlen wurden zu Alleen in einer Parkanlage und führen in den Wald. Da ist es doch naheliegend, denkt der Geschichtenerzähler, die 32strahlige „Karlsruher Sonne" einmal richtig hell aufleuchten zu lassen. Es ist eigentlich ganz einfach, diese Sonne „anzuknipsen" – man tut es im Kopf. Wenn man die Karlsruher Sonnenstrahlen gedanklich weiterführt entsteht das Bild einer Sonne, die sich über ganz Europa ausbreitet – ja über die ganze Welt. Und man macht dabei eine erstaunliche Entdeckung: die Karlsruher Strahlen überwinden leichtfüßig alle Grenzen und sind damit segensreich länderverbindend...

Ist das neue Bild erst einmal im Bewusstsein, stellt sich unweigerlich die menschliche Neugier ein. Wo führen die Karlsruher Sonnenstrahlen konkret hin? Nun, sie führen immer ans Wasser – an die Nordsee, die Ostsee, an den Atlantik, den Pazifik, das Mittelmeer... Ist das nicht eine wunderbare Vorstellung, dass es 32 mal auf der Welt einen „Karlsruher Strand" gibt, einfach deshalb, weil er über einen Sonnenstrahl mit Karlsruhe verbunden ist? Wenn der Erzähler nicht so sehr an seiner Stadt hängen würde und er gerade wegen seines Engagements in der Kaspar-Hauser-Geschichte die Stadt nicht aus den Augen lassen möchte – er wollte an jedem dieser Strände in Kooperation mit der KTG – Karlsruhe Tourismus GmbH ein Strandcafé „Fidelitas" eröffnen...

Einmal Europa mit „Karlsruher Sonne" ausgeleuchtet und schon sind der Phantasie keine Grenzen mehr gesetzt. So könnte etwa unser KSC internationales Renommee gewinnen, indem er den „Karlsruher Europa-Pokal" ins Leben ruft und Mannschaften zum Pokalspiel ins Wildparkstadion einlädt, deren Herkunftsorte auf einem der 32 Karlsruher Sonnenstrahlen liegen, beispielsweise Dinamo Zagreb (verlängerte Englerstraße), Rapid Wien (verlängerte alte Durlacher Allee), Sparta Prag (verlängerte Rintheimer Feld Allee), FC Kopenhagen (verlängerte Friedrichstaler Allee), Juventus Turin (verlängerte Lammstraße) oder Young Boys Bern (verlängerte Ritterstraße), also alles attraktive, spielstarke Teams, die sich in Karlsruhe „im Zeichen der Sonne" ein sportliches Stelldichein geben könnten! Europa-Pokal-Spiele im Wildparkstadion: oh Valencia, wann hat es diese das letzte Mal gegeben... Und welche Chance für den KSC vor heimischer Kulisse selbst einmal Europa-Pokal-Sieger zu werden!

Auch innovative Kunstprojekte sind bei der Sonnenstadt-Sichtweise denkbar; nehmen wir nur einmal die italienische Hafenstadt Venedig, die über die Verlängerung des Sonnenstrahls Kronenstraße erreicht wird. In Venedig gibt es bekanntlich den weltberühmten „Canale Grande". In Verbindung mit dem „Lichtkanal Kronenstraße" könnte auf einer künstlerischen Meta-Ebene ein „Canale Molto Grande" entstehen, ein Kanal, über den Sonne und Wasser symbolisch miteinander in Verbindung treten. Dramatisch wäre dabei vor allem die Schnittstelle, denn an ihr müsste es entweder unglaublich zischen oder ein Regenbogen entstehen. Wahrscheinlich sogar beides. Auf jeden Fall wäre es ein spannendes, ergebnisoffenes Experiment wie es die Künstler lieben – und es wäre mit Sicherheit das Gesprächsthema „Numero Eins" bei der nächsten Biennale… Vielleicht kommen dann auch endlich mehr Italiener nach Karlsruhe. Der italophile Geschichtenerzähler bedauert sehr, dass die Stadt als touristisches Ziel für die Italiener noch wenig attraktiv ist. Laut Statistik stehen die Übernachtungsgäste aus Italien erst an 8. Stelle. Der Erzähler überlegt: Für Karlsruhe interessant wären vor allem junge, gut ausgebildete Italiener. Was wäre hierfür die geeignete Werbe-Strategie? Ein „Canale Molto Grande" allein reicht hier nicht aus, um die angesprochene Zielgruppe von Karlsruhe zu überzeugen. Die jungen Leute brauchen eine weitere Geschichte, hier ist sie:

Karlsruhe hat zahlreiche „stadtnahe Einrichtungen und Unternehmen", umgangssprachlich auch „Karlsruher Töchter" genannt, so die AVG, die KVVH, die KBG, die VHS oder die KASIG. Alle sind sie bestens beleumundet und deshalb kann man auch ohne weiteres Bewunderer für sie suchen. So könnte in von jungen Männern gelesenen italienischen Magazinen mit dem Hinweis geworben werden, dass Karlsruhe eine wunderschöne Stadt sei und dass sie eine Menge attraktiver Töchter besitzt. Und dass diese alle noch nicht verheiratet sind! Jetzt sind die Italiener nicht mehr zu halten. Alle wollen nun die Karlsruher Töchter kennenlernen. Das wird sich ja bestimmt einrichten lassen. Und nichts spricht dagegen, dass der eine oder andere lebensfrohe Italiener bei einer Karlsruher Tochter hängenbleibt… Schön und gut, aber man sollte bekanntlich immer eine Alternative haben. Wenn die Italiener nicht bei den Karlsruher Töchtern anbeißen, fragen wir einfach die „Söhne Mannheims".

Stuttgarter Rache

Der Karlsruher Geschichtenerzähler blickt auf eine lange Eisenbahner-Familiengeschichte zurück und so nimmt es nicht wunder, dass er auf seinen Reisen am liebsten Zug fährt. Vater, Großvater und Onkel arbeiteten einst im Freiburger Hauptbahnhof als Maschinenschlosser bzw. als Lokführer auf der Höllentalbahn. Und es ist glaubhaft überliefert, dass der Kleinkind-Geschichtenerzähler als ersten Berufswunsch „Zuganhalter" nannte. Das erhellt so manches bei diesem Menschen...

Am 19. Januar 2014 war der Karlsruher Erzähler mit dem Zug nach München unterwegs. Ein namenloser Intercity brachte ihn zunächst nach Stuttgart Hauptbahnhof. Leider sind IC-Züge und auch einige ICE-Züge der älteren Generation „no names", tragen also keinen Namen. Was aber namenlos ist wird gering geschätzt und auch schnell wieder vergessen.

So wartete der Karlsruher Geschichtenerzähler am 19. Januar kurz nach 14 Uhr an Gleis 15 am Stuttgarter Hauptbahnhof gespannt darauf, wie sich ihm sein Anschlusszug nach München präsentieren würde – ob mit oder ohne Namensbezeichnung. Im Fahrplan war lediglich ein ICE mit der Zugnummer 517 angekündigt. Es kam der ICE „Stuttgart"!

„Da wird sich der ICE Stuttgart aber freuen, dass er endlich wieder einmal Heimatboden unter den Rädern fühlt", entfuhr es dem Karlsruher Geschichtenerzähler nach der ersten Sprachlosigkeit über das überraschende familiäre Zusammentreffen. Und er fragte sich: „Hätte der ICE Stuttgart in seinem Heimatbahnhof nicht auch einmal eine ehrenvolle Ruhepause verdient? Beispielsweise einen zehnminütigen

Sonderaufenthalt und eine Begegnung mit dem Stuttgarter Oberbürgermeisters Fritz Kuhn?" Dem Karlsruher Geschichtenerzähler geht es dabei nur um eine symbolische Geste der Dankbarkeit einem Hochleistungszug gegenüber, dessen dauerhafte Leistungsbereitschaft von uns einfach als selbstverständlich vorausgesetzt wird. Die verlorene Zeit könnte der PS-starke Zug spätestens an der „Geislinger Steige" auf der Strecke nach Ulm wieder aufholen.

Ganz von diesen Überlegungen beseelt sprach der Erzähler den bereits schon wieder abfahrbereit am Gleis 15 stehenden Zug-Chef des ICE Stuttgart auf die Idee des Sonderaufenthaltes an. Der Zug-Chef konnte aber mit der „badischen Denke" – in allen Herzensangelegenheiten großzügig zu handeln – überhaupt nichts anfangen und ließ in seiner knappen Antwort keinen Zweifel daran aufkommen, dass er den ICE Stuttgart auf die von amtlicher Seite vorgeschriebene Abfahrtszeitminute genau weiter Richtung Osten schicken würde: „Dieser Zug fährt jetzt sofort weiter nach München!"

Wie das Leben im folgenden spielte, könnte man schöner gar nicht erfinden und ging als „Stuttgarter Rache" in die Reisetagebücher des Karlsruher Geschichtenerzählers ein: Der ICE Stuttgart war gerade mal 300 Meter aus dem Hauptbahnhof herausgerollt, da kamen seine Räder bereits schon wieder zum Stillstand und der Zug machte für die nächsten 10 Minuten keinen Rucker mehr.

„Gutes Zureden" ist im Pannenhandbuch der Deutschen Bahn nicht vorgesehen, der Karlsruher Geschichtenerzähler konnte die Wartezeit für die Mitreisenden mit dieser spontanen Idee also leider nicht verkürzen. Sehr bedauerlich, denn die später im Hauptbahnhof Ulm umsteigewilligen Reisenden mit Ziel „Bodensee" strandeten zunächst einmal kläglich am Gleis 3 Süd, weil der korrespondierende Interregio-Express 4229 nach Lindau nicht auf den verspäteten ICE Stuttgart warten konnte – oder möglicherweise aus Solidarität mit dem ICE Stuttgart auch nicht warten wollte …

Was lehrt uns diese kleine Geschichte? Dreierlei:
1. Trägt ein ICE einen Städtenamen, gehört auch er zum entsprechenden Heimatsystem! Es erscheint unter diesem Gesichtspunkt sinnvoll, den Heimatgedanken in heutiger Zeit nicht zu eng zu fassen und auch in Heimatbahnhofs-Angelegenheiten achtsam zu sein. Wie beim ICE Stuttgart beispielhaft gezeigt werden konnte, ziehen bereits kleine Unaufmerksamkeiten große Unannehmlichkeiten nach sich.
2. Ein ICE-Zugchef, der die Zeichen der Zeit nicht erkennt, wird schon mal von seinem eigenen Zug ausgebremst.
3. Jeder ICE verdient Respekt. Vor allem, wenn „Stuttgart" drauf steht. Nur so kann man vor der „Stuttgarter Rache" ganz sicher sein.

Er spinnt …

… bei Vroni Brunner-Häge im Heimatmuseum Stupferich!

Europäisches Rückgrat

Am 2. Juni eines Jahres feiert Italien in Gedenken an das Referendum vom 2. Juni 1946 die „Festa della Repubblica", das Fest der Republik. An diesem Tag stimmte die Mehrheit der Italiener für die Einführung der Republik und gegen die Monarchie als Staatsform. Gerne reiht sich auch der Karlsruher Geschichtenerzähler regelmäßig in die Schar der Gratulanten und wünscht dem Land, das er schon viel und gern bereist hat und dessen Menschen ihm besonders nahestehen, von Herzen alles Gute.

Leider zeigt sich Italien derzeit in keinem guten Zustand. Tief ist der Graben, der den reichen Norden vom armen Süden trennt. Politiker der separatistischen Lega Nord träumen gar von einem unabhängigen Land „Padanien". Offen bekämpfen sie die Symbole des geeinten Italiens wie zum Beispiel die Nationalhymne und die grün-weiß-rote Landesfahne.

Der Karlsruher Geschichtenerzähler sieht in Kleinstaaterei keine Lösung, schon gar nicht, wenn ein reicher Landesteil versucht, einen ärmeren Landesteil loszuwerden. Nicht Abspaltung sondern Ausgleich gilt ihm als Formel für sozialen Frieden. Und er macht sich Gedanken zu einem Symbol für ein geeintes Italien, das nicht so einfach zu negieren ist. Seine Idee: Neben Hymne und Landesfahne sollte auch das Rückgrat des Landes als staatstragendes Symbol verstanden werden. Dieses Rückgrat ist der Apennin!

Der Apennin („gli Appennini") ist ein rund 1500 km langer Gebirgszug, der die nach ihm benannte italienische Halbinsel bogenförmig in nord-südlicher Richtung durchzieht. Er beginnt im Nordwesten des Landes und findet seine Fortsetzung in den Gebirgen

Nordsiziliens. In den Abruzzen hat der Apennin mit dem Massiv des Gran Sasso d'Italia (2912m) seine größte Höhe.

Das Rückgrat Italiens bietet nicht nur großartige Landschaften – es ist auch eine der wertvollsten Ressourcen des Landes: viel kraftvolle Natur, die wie eine „Abwehrkette" gegen Unruhe, Hektik und andere Zivilisationskrankheiten wirkt.

Der Karlsruher Geschichtenerzähler ist überzeugt: Jeder Separatist wird es in Italien schwer haben, sich dem Nationalsymbol „Rückgrat" zu entziehen – wer will sich schon vorwerfen lassen, dass er dem eigenen Land „das Rückgrat brechen möchte" oder ernsthaft behaupten, dass er gut mit einem „halben" Rückgrat leben könnte? Geht nicht…

Richten wir doch auch einmal den Blick auf unser schönes Baden, schlägt der Erzähler vor. Denn auch Baden hat ein starkes Rückgrat – den Schwarzwald!

Und Karlsruhe? Das erste, was man im Jahr 1715 im Hardtwald von der späteren Stadt zu Gesicht bekam war ihr Rückgrat, der Schlossturm!

Für das Entscheidende aber hält der Karlsruher Geschichtenerzähler die Standfestigkeit, das persönliche Rückgrat. Wofür wurde es uns gegeben? Damit wir mit aufrechtem Gang mutig und unerschrocken durchs Leben gehen und beherzt Entscheidungen treffen, die auch unsere Kinder und Kindeskinder noch gut finden.

Baden-Württembergische Roh-Diamanten

Am 19. April 2013 hatte das Ministerium für Wissenschaft, Forschung und Kunst Baden-Württemberg zu einer wegweisenden kulturpolitischen Veranstaltung zum Thema „Zukunft der Kultur – Perspektiven für Politik und Gesellschaft" in die Staatsgalerie Stuttgart eingeladen. Auch der Karlsruher Geschichtenerzähler hatte sich zu dieser wegweisenden Veranstaltung angemeldet, hoffte er doch auch etwas über die Zukunft der baden-württembergischen Erzähl-Kultur zu erfahren, die in der soziokulturellen Szene, der er angehört, gehegt und gepflegt wird.

Leider erwartete ihn in der Staatsgalerie eine arge Enttäuschung. Das Podium war zwar hochkarätig besetzt, leider fehlten dort die „Rohdiamanten", die Vertreter der baden-württembergischen Soziokultur, die sich mit ihren 61 Einrichtungen in der Landesarbeitsgemeinschaft der Kulturinitiativen und Soziokulturellen Zentren (LAKS) zusammengeschlossen haben. Ihr inhaltlicher Fächer, ihre strukturelle Individualität und ihre regionale Präsenz ermöglichen Kunst- und Kulturgenuss, frei nach dem Kerngedanken: Kultur für alle. Überall.

Nun wusste der Karlsruher Geschichtenerzähler aber aus Erfahrung, dass sich das Verdrängte seine eigenen Wege sucht, um ans Tageslicht zu kommen. So schluckte er seinen Ärger mit einer Tasse Kaffee runter und freute sich auf den Ministerpräsidenten Winfried Kretschmann. Den wollte er an diesem Tag treffen, um ihm seine Idee vom „Baden-Württemberg-Wein" vorzustellen.

Allerdings ist es nicht gerade leicht, einen Ministerpräsidenten so einfach auf ein Anliegen anzusprechen; das hätten an diesem Tag hundert andere Anwesende sicher auch gerne getan. Der Karlsruher

Geschichtenerzähler wollte deshalb heute eine Strategie anwenden, mit der er schon oft erfolgreich war: die AEG-Methode (= Aus Erfahrung Gut). Man arbeitet dabei mit dem sogenannten „Eck-Wert".

Die Eck-Wert-Strategie ist recht einfach zu handhaben: Man widerstrebe dem archaischen Drang möglichst ganz vorn mitzuspielen, setze sich möglichst ganz weit nach hinten an eine Ecke und kontrolliere damit Gänge und Zuhörerraum an einer äußerst sensiblen Stelle: dem Ausgang. Dann wartet man völlig entspannt auf die „Kunst der Stunde", so wie der Fischreiher es auch macht, wenn er eine Stunde lang im Wasser steht, bis irgendwann ein dicker Fisch direkt auf ihn zuschwimmt. Jetzt aber zugepackt!

Diesmal hatte der Karlsruher Geschichtenerzähler allerdings die Rechnung ohne den Fisch gemacht. Der Ministerpräsident verließ früher als erwartet den Raum, er musste die ausgelegte Angel gesehen haben, schlug einen großen Bogen um den Geschichtenerzähler, verließ den Raum durch eine Seitentür und war zunächst einmal für die Kunst und für den Karlsruher Geschichtenerzähler verloren.

Nun hat dieser aber eines in seinem wechselvollen Leben lernen dürfen: Man muss Durchhaltevermögen haben – das einzige Vermögen, das zu wirklichem Reichtum führt. Er würde dem grünen Ministerpräsidenten seine Ideen nun eben schriftlich vortragen und ihn bitten, bei seiner Partei darauf hinzuwirken, dass als Ausgleich für die geplante Vermögensabgabe bei Besserverdienenden eine Förderung des Durchhaltevermögens ins Grundsatzprogramm der Grünen aufnahme findet – und damit die Soziokultur dafür gewürdigt wird, dass sie in der Kultur-Diskussion durchgehalten hat. Denn wenn jemand in den letzten Jahrzehnten Durchhaltevermögen gezeigt hat, dann die baden-württembergische Soziokultur!

Nach dieser Entscheidung war der Karlsruher Geschichtenerzähler innerlich frei, den interessanten Beiträgen der „Hochkarätigen" auf dem Podium zu folgen. Diese standen nach einiger Zeit mit ihren Themen so in Flammen, dass sie völlig die Uhr vergaßen und ihr Zeitbudget aus den Augen verloren. Vielleicht haben sie sich ja auch gedacht, dass Vorträge über Kunst und Kultur alle Zeit der Welt haben müssen. Dennoch fand es der Geschichtenerzähler bedauerlich, dass Moderatorin Petra von Olschowski als Konsequenz die Mittagspause um eine halbe Stunde verkürzte.

Die Mittagspause, die geheiligte Siesta!

Ausgerechnet jene Zeit, die sich anbietet, zu entspannen, oder Kultur-Weggefährten zu treffen und sich mit ihnen auszutauschen; jene Zeit auch, in der Geschichtenerzähler wirklich zeigen können, was möglich wird, wenn sie sich in hungrige Fischreiher verwandeln....

„Die Pause ist eine der größten Kulturleistungen der Menschheit", notierte sich der Karlsruher Geschichtenerzähler in sein Notizbuch, „deshalb bedeutet Pausenreduzierung Kulturverlust". Er würde bei der zuständigen Ministerin Theresia Bauer beantragen, die Tagung künftig bei den Italienern, im „Consolato Generale d'Italia a Stoccarda" abzuhalten. Dort würde man schon dafür sorgen, dass die Beziehungskultur in der Pause angemessen gelebt wird.

Ein weiteres Unbehagen beschlich den Karlsruher Geschichtenerzähler, als er sich den Titel der Veranstaltung noch einmal vor Augen hielt: „Zukunft der Kultur – Perspektiven für Politik und Gesellschaft". Da fehlte etwas: die Vergangenheit!

Ohne Erkenntnisse aus der Vergangenheit keine Zukunft der Kultur! Und als Kronzeuge fiel ihm gleich der 1. Bundespräsident der Bundesrepublik Theodor Heuss ein, der den stets nur Zukünftigen einmal „anständig" ins Gewissen geredet hatte: „Nur wer weiß, woher er kommt, weiß, wohin er geht".

Der Karlsruher Erzähler würde deshalb in einem Brief an die Frau Wissenschaftsministerin vorschlagen, eine weitere Veranstaltung zu diesem Thema anzuberaumen, bei der dann auch die Soziokultur ihren Platz auf dem Podium einnimmt. Und diese Veranstaltung „Zukunft der Kultur vor dem Hintergrund der Vergangenheit, an der Schnittstelle des Hier und Jetzt" nennen. Auch das Hier und Heute darf natürlich nicht vergessen werden, denn wo sprudelt die wunderbare Quelle der Erkenntnis kräftiger, als im Hier und Heute?

Kurz vor der verspäteten Mittagspause begann diese Quelle auch für den Karlsruher Geschichtenerzähler zu sprudeln. An seinem grenzwertigen Platz mit hohem Eck-Wert fiel ihm nämlich auf, dass er in einer Stuhlreihe mit aufsteigenden Nummern auf dem Stuhl 184 saß. Mit dem Kaspar-Hauser-Blick (und der ist, so zu schauen, als ob man etwas zum ersten Male sieht und sich über alles zu wundern, was man vorfindet) erkannte er sogleich, dass man diese Zahl ja auch als „18.4." bzw. „18. April" lesen könnte! Das war also gestern...

Ja war er denn jemand „von Gestern"? Ja natürlich, als Erzähler, der aus der Geschichte Lehren zieht! Könnte es dann aber auch sein, dass neben ihm auch Gegenwart und Zukunft auftauchen würden?

Neben ihm war aber nur der Gang zum Podium...

Wie wir aber bereits erfahren durften hat dieser Karlsruher Geschichtenerzähler jede Menge unversteuertes Durchhaltevermögen und blieb hartnäckig in seiner inneren Suchhaltung, bis sich ihm nach zähem Ringen mit seinem Unterbewusstsein das passende Bild zeigte: Neben ihm war nicht nichts – neben ihm war ein „beredter" Gang, mit dem die Soziokultur, obwohl nicht auf dem hochkarätig besetzen Podium vertreten, von Anfang bis Ende der Tagung im Kulturraum der Stuttgarter Staatsgalerie „zugange" war – und zwar mit ihrer Forderung:

„Zugang zur Kultur für Alle!"

Und begeistert über die Weisheit des Unbewussten zückte er noch einmal sein Notizbuch um darin zu vermerken, was er als „Quintessenz" seines denkwürdigen Besuches am 19. April 2013 in der Staatsgalerie Stuttgart nun weitererzählen würde:

„Wir müssen nicht um die Zukunft der Soziokultur fürchten. Sie hat eine gute Geschichte und hat, wenn es darauf ankommt, die richtigen Einfälle, die ihrer Forderung nach dem Zugang zur Kultur für Alle Nachdruck verleihen. Macht nichts, dass dieser Zugang an diesem Tage „mit Füßen getreten" wurde, die Soziokultur hat Durchhaltvermögen, das sie – bei aller Liebe zu den Grünen – niemals versteuern wird, weil man mit diesem Vermögen Standhaftigkeit unter Beweis stellen kann.

Und die Soziokultur ist, wie man auf dem Bild genau erkennen kann, schon auf einem guten Weg Richtung Podium....

Jetzt schaumermal, wie sich Kunst und Kultur in Baden-Württemberg weiter entwickeln und wie die Überführung der sozio-kulturellen Zentren und Initiativen – den baden-württembergischen „Roh-Diamanten" – in das Kultur-Vermögen des Landes vonstatten geht...

Badischer Mittelweg

Seit 1900 gibt es den Westweg im Schwarzwald, er ist einer der attraktivsten deutschen Wanderwege. Da können sich die Bürgerinnen und Bürger der Stadt Pforzheim freuen: an ihrem Gasthaus Kupferhammer beginnt nicht nur der Westweg, sondern auch der Mittelweg und der Ostweg. Ganz gerecht ist das aber nicht, Karlsruhe liegt doch mit dem Turmberg zugegebenermaßen grenzwertig aber doch auch im Schwarzwald und wir haben keinen so bekannten Wanderweg. Außerdem hat der Karlsruher Geschichtenerzähler festgestellt, dass Westweg und Ostweg gar nicht nach Westen bzw. nach Osten führen sondern beide nach Süden, nach Basel bzw. nach Schaffhausen! Also liebe Pforzheimer, die Karlsruher müssen euch deshalb leider Ostweg und Westweg streitig machen – beide Wege liegen nämlich in Karlsruhe, der Residenz der Rechts, sind dort in einer einzigen Straße vereint, und diese Straße ist die Klauprechtstraße in der Karlsruher Südweststadt!

Unglaubliche Geschichte? Hier die Fakten: Von der Karlstraße aus führt die Klauprechtstraße einigermaßen genau nach Westen bis zur Brauerstraße. Dreht man dort um, hat man sofort den Ostweg unter den Füßen, der wieder schnurstracks zurück zur Karlstraße führt. Karlsruher Westweg und Karlsruher Ostweg sind nicht nur zu Fuß begehbar, sondern auch mit dem Fahrrad, mit dem Roller, mit dem Rollstuhl und sogar mit dem Auto befahrbar. Er ist die ideale Wanderstrecke für die kleine Bewegungspause „zwischendurch". Außerdem muss man nur wenige Meter laufen und schon ist man an einer Jausenstation und kann sich in den Geschäften der Klauprechtstraße mit Proviant versorgen.

Von der Karlstraße her kommend steigt der Westweg bis zur Kreuzung Hirschstraße an und fällt dann wieder zur Brauerstraße ab. An dieser Kreuzung befindet sich der „Karlsruher Pass", ziemlich genau 115,9 m über Normalnull. Hier kann man Pause und einen kurzen Abstecher zum Hirschbuckel machen und hat einen weiteren Pass vor sich. Das ist also ein echter Doppelpass, wie er auf so kurze Distanz von keinem anderen Wanderweg her bekannt ist. Da könnte unser KSC doch wunderbar erfolgreiches Doppelpassspiel üben.

Folgt man dem Karlsruher Pass nach Osten, stößt man auf die Brauerstraße, überquert diese und ist nach wenigen Metern beim ZKM, Zentrum für Kunst und Medien, mit seinem Turm, die „Karlsruher Höhe" angekommen.

Wer den Karlsruher West- bzw. Ostweg einmal laufen möchte: Bitte an feste Wanderschuhe, Rucksack und auch an einen Schlafsack denken. Man wäre nicht der Erste, der einmal in der Klauprechtstraße auf Dauer hängen geblieben wäre… Und liebe Bürgerinnen und Bürger aus der Goldstadt Pforzheim: nicht böse sein, euch bleibt ja der Mittelweg, der ist doch der Beste von allen. Denn wer achtsam aus seiner Mitte heraus lebt, lebt immer goldrichtig!

Übrigens: Die Klauprechtstraße ist ein Sonderfall der europäischen Straßen-Kultur: sie feierte im Jahr 2010 mit der Via Gazzei im toskanischen Radicondoli die 1. Europäische Straßen-Partnerschaft und der Karlsruher Geschichtenerzähler hat den 1. Karlsruher Straßen-Krimi über sie geschrieben: „Der Tag an dem die Klauprechtstraße verschwand". Aber keine Sorge: inzwischen ist alles wieder gut und die meisten Klauprechtsträßler*innen, eine Metzgerei, zwei Bäckereien, drei Cafès und ein Fisch-Restaurant freuen sich über jeden an „guter Straßengeschichte" interessierten Besuch!

Karlsruher 1-Prozent-Lösung

Als der Karlsruher Geschichtenerzähler in der BNN-Ausgabe vom 15. August 2018 den Bericht über die Entwicklung der Tourismuszahlen in Baden-Württemberg gelesen hatte, musste er sich erst einmal unwillkürlich die Augen reiben und sich eine Frage stellen: „Trifft es tatsächlich zu, dass Karlsruhe bei den Gästeübernachtungen im 1. Halbjahr 2018, verglichen mit dem Vorjahreszeitraum, gerade einmal 1 Prozent zulegen konnte?" Der Landesdurchschnitt liegt im Vergleich hierzu bei stolzen 4,3 Prozentpunkten. Das bedeutet für die erfolgsgewohnte Stadt im Vergleich der 45 Stadt- und Landkreise von Baden-Württemberg lediglich Platz 37. Damit befindet sich Karlsruhe-Stadt noch hinter dem Landkreis Karlsruhe (2,5 Prozent) und der Stadt Pforzheim (1,8 Prozent). Zunächst war der Erzähler einfach nur irritiert, doch dann setzte sich bei ihm mehr und mehr der Gedanke durch, dass dieses eine Karlsruher Prozent überhaupt kein schlechtes Ergebnis ist, sondern ganz im Gegenteil geradezu ein Musterbeispiel für angemessenes, organisches Wachstum. Mit einem solchen Wachstum kann die Stadt sehr gut leben und sogar Vorbildfunktion für andere Städte übernehmen. Die Überlegung dabei: Ein Wachstum, dem eine gewachsene Lebens- und Infrastruktur nicht mehr hinterherkommt, stellt den Erhalt unserer inzwischen erreichten Lebensqualität zunehmend in Frage. Beim Thema Tourismus genügt schon ein Blick in die Tageszeitung: beliebte Reiseziele sind dabei, sich selbst abzuschaffen: Dubrovnik, Venedig, Amsterdam und Barcelona lassen grüßen… Freiburg, die Geburtsstadt des Karlsruher Geschichtenerzählers, ist mit einer Steigerung von 14,8 Prozent bei den Übernachtungszahlen in Baden-Württemberg

„einsame Spitze". Wenn man sich aber inzwischen in Freiburg durch die Eisenbahnstraße, die Kaiser-Joseph-Straße oder das Areal rund um den Münsterplatz schiebt, sieht man bei dem „dicht an dicht" von Fußgängern und Radfahrern die schöne Schwarzwald-Metropole „vor lauter Bäumen" nicht mehr und steht reichlich lustlos mitten im „Zuviel des Guten".

Und Karlsruhe? Die Vor-Ort-Sachverständigen von der „KTG Karlsruhe Tourismus GmbH" machen ihre Arbeit aus Sicht des Geschichtenerzählers auf das Beste und orientieren sich beim Gästemarketing offenbar an der am Tempel des antiken Delphi überlieferten Inschrift „Nichts im Übermaß". Aber auch für ebenso Denkende in der Karlsruher Bürgerschaft ist es wichtig, beim Gespräch mit allen die glauben, ein zufriedenstellendes, glückliches Leben sei nur über ständiges Wachstum zu erreichen, mit überzeugenden Gegenargumenten in die Diskussion zu gehen.

Der Karlsruher Geschichtenerzähler hat sich hier bereits positioniert: Karlsruhe wächst – nicht „irgendwie" sondern „langsam aber sicher!" Und künftige Gäste und Neubürger*innen, die mit diesem Hintergrundwissen nach Karlsruhe kommen, liegen in dieser liebenswürdigen Stadt mit jener besonderen Kraft „die aus der Ruhe kommt" auf einer entwicklungsfähigen Seite...

Karlsruher Richtlinie

Die Karlsruher Richtlinie ist die Liebe.
Nur die Liebe kann es richten!

Trommer Herzens-Angelegenheit

Ganz erfüllt und mit vielen guten Ideen für ein präsentes Leben ausgestattet, kehrte der Karlsruher Geschichtenerzähler am 18. August 2018 von einem Ausflug auf die Tromm nach Karlsruhe zurück. Dort, ganz oben auf einem der schönsten Kuppen des Odenwaldes, hat das Odenwaldinstitut der Karl-Kübel-Stiftung sein Wirkungsfeld. An diesem Lernort für Kompetenz und Persönlichkeitsentwicklung war der Karlsruher Erzähler 30 Jahre lang als Wanderführer tätig. Aber das ist jetzt schon wieder eine andere Geschichte. Am 18. August war er in anderer Mission auf der Tromm unterwegs.

Viel hatte er schon von Joël Weser und dessen „PrEssenz"-Arbeit gehört und nun wollte er selbst einmal Erfahrungen mit dieser Methode sammeln, mit der man unmittelbar und sinnenhaft die Wechselwirkungen menschlicher Begegnung erspüren kann. Für den Karlsruher Geschichtenerzähler gab es an diesem Tag aber zunächst einmal eine Begegnung mit einem Schokoriegel, den er als Willkommens-Gruß des Instituts bei Seminarbeginn auf seinem Platz vorfand und den er sich „für später" in die Hemdentasche steckte.

Ein wichtiger Leitsatz im Leben des Erzählers lautet: „Was immer du auch tust, tue es mit deinem ganzen Herzen". Für die von Joël Weser angeleitete Durchsetzungs-Übung unter dem Einfluss einer „Bullenhitze" auf der Tromm und konfrontiert mit der schwierigen Aufgabe, eine vor ihm aufragende Menschenmauer möglichst ohne große Kraftanstrengung zu überwinden, beschloss er, einer inneren Eingebung folgend, seinen Leitsatz leicht abzuwandeln:

„Was immer du auch tust, tue es mit heißem Herzen".

Der Erfolg dieser Veränderung war „durchschlagend". Die Menschenmauer tat sich ohne Probleme vor ihm auf und konnte „spielend leicht" überwunden werden. Allerdings hatte der Karlsruher Geschichtenerzähler zu Beginn der Übung vergessen, den Schokoriegel aus der Hemdentasche zu entfernen – um dann nach der Übung feststellen zu müssen, dass sich die Schokolade inzwischen in Wohlgefallen aufgelöst und als bleibende Erinnerung einen hässlichen schwarze Fleck auf Geschichtenerzählers bestem Sonntagshemd hinterlassen hatte.

Was sich nun vordergründig wie eine schlechte Geschichte ausnimmt, ist bei genauer Betrachtung – beziehungsweise „weitem Schauen" wie es Joël Weser empfiehlt – eine gute Geschichte, ja eine sehr gute Geschichte sogar! Hat der Erzähler doch am eigenen Leib erfahren dürfen, dass ein Leben mit „heißem Herzen" nicht nur metaphorisch sondern auch ganz materiell sichtbar gemacht werden kann! Es braucht dazu nur einen heißen Tag auf der Tromm und einen in der Hemdentasche vergessenen Schoko-Riegel...

Klar, dass der Karlsruher Geschichtenerzähler ob der gemachten Erfahrung sein beflecktes Sonntagshemd inzwischen „von heißem Herzen" liebt und es zunächst einmal nicht in die Wäsche tat. Inzwischen stellt er das Hemd dem Odenwaldinstitut gerne als Leihgabe zur Verfügung, damit man es vor dem institutseigenen „Trommer Hof" werbewirksam „in den Wind hängt", auf Nachfrage die zugrunde liegende Geschichte erzählt und ganz unbescheiden darauf hinweist, welche „durchschlagende" Folgen der Besuch einer Seminarveranstaltung mit Joël Weser nach sich ziehen kann. Und da wäre jetzt noch abrundend der schöne Satz „Man erzählt nur mit heißem Herzen gut" zu erwähnen, den uns ein Fuchs in der Erzählung „Der kleine Prinz" zu verstehen gibt – hier vielleicht nicht ganz wortgetreu wiedergegeben, aber auf jeden Fall stimmig, weil der richtigen Spur nach...

Karlsruher Basislager

Auf der Suche nach ein paar neuen Wanderschuhen besuchte der Karlsruher Geschichtenerzähler Anfang September 2018 das „Basislager" – eigenen Angaben zufolge das Karlsruher Fachgeschäft für alles, was irgendwie mit „Reisen" und „Draußen" zu tun hat. Klare Ansage, dachte sich der Erzähler, da werden sich vielleicht neben ein paar passenden Wanderschuhen für ihn auch die eine oder andere schöne Geschichte finden lassen.

Mit letzterem wurde er bereits bei Betreten der „Basislager"-Geschäftsräume reich beschenkt. Unvermittelt stand er nämlich vor mehreren Verkaufsständen, die mit dem Hinweisschild „Herren reduziert" versehen waren.

„Herren reduziert" – Der Karlsruher Geschichtenerzähler wollte zunächst seinen Augen nicht trauen, aber auch bei mehrfachem Hinschauen verstand er immer nur das Gleiche: hier werden Herren reduziert angeboten!

„Herren reduziert" – Der Karlsruher Geschichtenerzähler war kurz davor, die Fassung zu verlieren. „Ja wo gibt's denn sowas? Menschen- bzw. Männerhandel in Karlsruhe, Residenz des Rechts? Wenn diese Männer wenigstens anständig was kosten würden und sie später beim Käufer ein gutes Leben führen dürften würde er vielleicht (wenn auch unter größten Bedenken) JA dazu sagen – aber reduziert…?

Dem Erzähler war schnell klar: hier gab es dringend Korrekturbedarf des Sinnzusammenhangs. Und er entschied, das gut aufgestellte Fachgeschäft in dieser schwierigen Männerfrage nicht einfach allein im Regen stehen zu lassen. Umgehend würde er bei der Geschäftsführung vorstellig werden und einen Vorschlag unterbreiten, wie das „Basislager" wieder gut und ohne Gesichtsverlust aus dieser delikaten Angelegenheit herauskommen und vielleicht sogar von ihr profitieren könnte. Als Mittel der Wahl sah er das äußerst wirksame „Reframing".

Der Begriff Reframing (auf gut deutsch: Umdeutung) bezeichnet eine psychotherapeutische Interventionstechnik, die aus der Systemischen Familientherapie heraus entwickelt wurde und auf Virginia Satir zurückgeht. Durch Umdeutung wird einem Geschehen eine andere Bedeutung bzw. ein anderer Sinn zugewiesen indem man versucht, die Situation in einem anderen Kontext bzw. „Rahmen" zu sehen.

Im konkreten Falle hieß das für die Aussage „Herren reduziert", einen neuen Bezugsrahmen zu schaffen und das Wort „reduziert" nicht auf Geld, sondern auf ein „frei von" zu beziehen und damit Männer anzusprechen, die aufgrund eigener, leidvoller Lebenserfahrung ihren Abhängigkeiten inzwischen den Garaus gemacht haben – Abhängigkeiten, die da sind: zu viel Alkohol trinken, Rauchen, in Co-Abhängigkeiten verstrickt sein, physische und psychische Gewalt anwenden – um nur einige der vielen Auslöser zu benennen, die einem liebe- und genussvollen Leben im Wege stehen.

Problem-reduzierte Männer sind ein wahrer Segen für die Gesellschaft! Das sollte die „Basislager"-Geschäftsleitung veranlassen, möglichst viele liebes- und bindungsfähige problem-reduzierte Männer in die Karlsruher Kaiserstraße 231 einzuladen und ihnen vor Ort ein eigenes Basislager einzurichten, in dem sie sich ungezwungen aufhalten dürfen und die Geschichte ihres Weges aus der Abhängigkeit erzählen können: frank und frei – reduziert eben – für ein glückliches, zufriedenstellendes Leben. Das „Basislager" muss aber arg aufpassen, dass es jetzt nicht vor allem von Frauen überrannt wird, die diese besonderen Männer sehen und vielleicht sogar heiraten möchten.

Auch bereits in einer Liebesbeziehung bereits fest gebundene Männer dürfen ebenfalls im Basislager sitzen und Anderen ihr neues Bewusstsein vermitteln. Für die liebesbereiten Frauen gilt hier: diese Männer darf man natürlich nicht einfach so mitnehmen. Man darf ihnen aber stundenlang beim Geschichtenerzählen zuhören und allein schon ihre reine Präsenz stundenlang genießen….

Diese besondere Werbe-Aktion wird landesweit Beachtung finden, ist der Geschichtenerzähler überzeugt. Vermutlich werden sich viele Medienvertreter vor Ort beim Anblick der problem-reduzierten Männer die Augen reiben und fragen: „Ja wo gibt's denn sowas?". Und alle gut aufgestellten Männer und Frauen der Stadt werden es ihnen ganz genau sagen:

„In Karlsruhe, im Basislager!"

Von ganzem Herzen: Danke!

Es war ein langer, kurvenreicher Weg vom „Freiburger Bobbele" zum „Karlsruher Geschichtenerzähler" und dankbar schaue ich auf die vielen Wegbegleiter zurück, die mir auch auf schwierigen Wegpassagen helfend zur Seite standen. Zuerst denke ich dabei an meine Frau Ingrid und meine beiden Kinder Rosa und Johannes, die mich nie aus den Augen verloren, auch wenn ich gerade wieder einmal in einem „mentalen Loch" verschwunden war. Ingrid war gleichzeitig meine „schärfste Kritikerin", die umsichtig und fachlich gekonnt (Lehrerin!) Geschichte um Geschichte mit mir durcharbeitete und korrigierte – nicht mich, aber den Text....

Mein Dank gilt weiter meinem Bruder Norbert, ebenfalls Märchen- und Geschichtenerzähler, der mit mir im Duo „Gebrüder Bögle" auftritt und mir stets brüderlichen Rat gibt. Auch mein ältester Bruder Gerhard und seine Familie standen mir mit stetiger Ermunterung zur Seite. Und ich weiß nicht, wie ich in meinem Leben „vorwärts" gekommen wäre, hätte ich nicht bereits 1972 den Orthopäden Hans-Joachim Lüdke getroffen. Für seine besondere Fähigkeit, neben den Knochen auch gleichzeitig das Herz mitzubehandeln, verleihe ich ihm den Ehrentitel „Doktor Wunderbar". Ein besonderer Glücksfall war die Begegnung mit der Grafikerin Libuse Schmidt, die meine Texte feinsinnig und spitzbübisch-frech in gekonnte Illustrationen umsetzte. Meine manchmal „ganz schön verrückten" Ideen waren bestens bei Gerhard Graf aufgehoben, der mit großer Sorgfalt und viel Liebe zahlreiche Bilder und Grafiken zu meinen Geschichten beisteuerte. Mit Uli Seibold hatte ich einen ausgewiesenen Fachmann für Buchgestaltung und Buchherstellung als Engel im

Rücken. Viel Ermunterung zum Schreiben dieses Buches und auch eine großzügige finanzielle Unterstützung des Buchprojekts kamen vom Kulturbüro der Stadt Karlsruhe; stellvertretend nenne ich den für Literatur und Heimatpflege zuständigen Leiter der Abteilung 3, Dr. Rolf Fath. Überhaupt die Stadt Karlsruhe, seit 1972 „Spielfeld" des Geschichtenerzählers: mit vielen Mitarbeiter*innen des Karlsruher Rathauses pflege ich seit Jahrzehnten vertrauensvollen Umgang und manche Person des öffentlichen Lebens lieferte mir allerbesten Geschichtenstoff. Viele Steilvorlagen kamen von den „Badischen Neuesten Nachrichten" denen ich täglich immer wieder staunend entnehme, was gerade in Karlsruhe und der Welt passiert und was es zu feiern und zu verändern gilt. Der guten Zusammenarbeit mit den Mitgliedern des Karlsruher Gemeinderates habe ich in den beiden Geschichten „Karlsruher Dach-Gesellschaft" und „Aalener Anleihe" ein eigenes Denkmal gesetzt. Besonders herzlich bedanke ich mich auch bei der wirkstatt, die in gemeinsamer Trägerschaft mit dem „Karlsruher Haus der Erzählkunst" als Herausgeber dieser Geschichtensammlung fungiert und ihr Erscheinen überhaupt erst ermöglichte. 25 Jahre lang war ich für die wirkstatt in der Toskana als Wanderführer tätig. Auch diesem Land, in dem ich vor 34 Jahren durch das Kennenlernen meiner Frau Ingrid eine neue Lebensperspektive erfahren durfte, gebührt mein spezieller Dank. Diesem Dank gebe ich gerne auch quantitativ Ausdruck: „Mille grazie! Tausend Dank!"

Manfred Bögle

Mit Unterstützung von

KARLSRUHER HAUS DER ERZÄHLKUNST

Erst Story. Dann Geschichte!

Das freie mündliche Erzählen ist ein Orchideenfach im Programmfächer der wirkstatt in Koopration mit Karlsruher Kultureinrichtungen. Das **„Karlsruher Haus der Erzählkunst"** ist dabei als Metapher zu verstehen, so wie wir vom vereinten Europa auch als einem „Europäischen Haus" sprechen. Erzählt wird im Theater, in Schule und Kindergarten, Kirche, Gerichtssaal, auf der Straße... überall dort, „wo das Leben so spielt".

Eine besondere Note erhält das Programmangebot durch die Erzählplattform **„Auch recht!"**, die im April 2019 im Rahmen eines Erzählfestes Premiere hat und die besondere Bedeutung von Karlsruhe als „Residenz des Rechts" zur Geltung bringt.

Veranstaltungsprogramm und weitere Informationen:
wirkstatt e.V., Steinstraße 23, 76133 Karlsruhe
Tel 0721– 378075, buero@wirkstatt.com, **www.wirkstatt.com**